솔솔! 술술! 척척!
세상에서 참 배우기 쉬운

마법 영어 첫걸음

김성숙 지음

동서문화사

웰　　　비건　　이즈　하프　　　던
Well begun is half done.
(시작이 반이다)

영어 하나면 세계와 말할 수 있다.

영어를 다시 ABC부터 새롭게 배우려는 이들을 위해 아주 쉽게 쓴 책이다. 영어를 처음 시작하는 원점으로 돌아가서 생활영어를 활용하고 싶은 이들을 위한 책이다. 걱정하지 말라! 한글보다 훨씬 더 배우기 쉬운 게 영어라고 한다. 영어학자가 되려고 당신은 이 책을 펼치지 않았으리라. 세계에서 영어 배우기 가장 쉬운 이 책을 그저 몇 번 즐겁게 읽고나면 어느새 마법처럼 솔솔! 술술! 척척! 당신은 샌프란시스코 공항에 내려서부터 즐겁게 미국인들과 여행 대화를 나누게 될 것이다.

차례

알파벳 읽는 법

알파벳 읽는 법

영어에는 26개의 소리 문자(알파벳)가 있다. 이 소리 문자들이 여러 가지로 조합되어 온갖 말들을 만든다. 먼저 이 알파벳을 읽는 법부터 시작하기로 한다.

대문자	소문자	이름	대문자	소문자	이름	대문자	소문자	이름
A	a	에이	J	j	제이	S	s	에스
B	b	비―	K	k	케이	T	t	티―
C	c	씨―	L	l	엘	U	u	유―
D	d	디―	M	m	엠	V	v	브이
E	e	이―	N	n	엔	W	w	더블유
F	f	에프	O	o	오우	X	x	엑스
G	g	지―	P	p	피―	Y	y	와이
H	h	에이취	Q	q	큐―	Z	z	지
I	i	아이	R	r	알―			

위에 적은 이름은 소리 문자인 알파벳의 이름이다. 우리나라 말의 '기역' '니은'에 해당한다. 이 소리 문자들이 낱말을 이룰 때 가지는 '음'은 실제로는 다르게 발음된다는 것을 잊어서는 안 된다. 알파벳이 가지는 음은 부록 1의 '영어의 발음'을 참조하기 바란다.

제1과의 주요 단어들

pen [펜] 펜

pencil [펜슬] 연필

book [북] 책

box [박스] 상자

cat [캩, 캣] 고양이

dog [도-그] 개

cow [카우] 암소

sheep [쉬-프] 양

Lesson One

제1과

---

(1) **This is a pen.**
디쓰　이즈　어　펜

(2) **That is a pencil.**
댙　이즈　어　펜슬

---

(1) 이것은 (한 자루의) 펜입니다.
(2) 저것은 (한 자루의) 연필입니다.

[발음과 뜻]

lesson [레슨] 과(課)
one [원] 하나, 1. lesson one=제1과
this [디쓰] 이것은
is [이즈] 이다
a [어] 하나의
pen [펜] 펜
that [댙, 댓] 저것은
pencil [펜슬] 연필. [펜]을 강하게 발음한다.

[읽는 법]

(1) This is a pen. ↘

• This는 강하게 억양을 주어 발음하고 점차 내린다. a pen은 두 단

어지만 한 단어처럼 읽되 a는 가볍게, pen은 뚜렷하게 읽는다.

(2) That is a pencil. ↘

• 이 문장도 (1)처럼 읽는다. 짧은 문장은 단숨에 읽고 This is a, That is a에서 끊으면 안 된다.

[마법해설]

• 영어의 어순은 우리말과 다르다. 우리말에서는 동사가 문장 끝에 오지만 영어에서는 주어('무엇이'에 해당되는 말) 뒤에 동사(어떻게 되었다)가 바로 이어진다. 말하자면 결론부터 먼저 이야기하는 것이 영어의 어순이다.

This is a pen. 이것은 <u>이다</u> 펜. — 영어의 순서
이것은 펜 <u>이다</u>. — 우리말의 순서

• a는 pen이나 pencil처럼 '하나, 둘' 하고 셀 수 있는 사물의 이름을 나타내는 말, 즉 명사 앞에 오는 말로 이를 관사라고 한다. 우리말을 영어로 고칠 때 관사를 빠뜨리기 쉬우니 주의해야 한다.

a pen   a pencil   a book

• 영문은 문장 처음은 반드시 대문자로 시작해야 되고 문장 끝에는 반드시 마침표(.)를 찍어야 하나의 문장이 완성된다. 문장 첫 글자가 대문자로 시작되지 않고 끝에 마침표가 없으면 문장이 되지 않는다.

this is a pen (×)
This is a pen. (○)

EXERCISES

다음 빈칸에 해당 단어를 넣은 뒤 그 문장을 읽고 뜻을 말하시오.

1. This is a (   ).
book

2. This is a (   ).
box

3. That is a (   ).
cat

4. This is a (   ).
dog

5. This is a (   ).
cow

6. That is a (   ).
sheep

[해답]

1. This is a <u>book</u>. 이것은 한 권의 책입니다.
2. This is a <u>box</u>. 이것은 하나의 상자입니다.
3. That is a <u>cat</u>. 이것은 한 마리의 고양이입니다.
4. This is a <u>dog</u>. 이것은 한 마리의 개입니다.
5. This is a <u>cow</u>. 이것은 한 마리의 소입니다.
6. That is a <u>sheep</u>. 이것은 한 마리의 양입니다.

제2과의 주요 단어들

racket [래킷] 라켓

bench [벤취] 긴 의자

sofa [소우퍼] 소파

glove [글러브] 장갑

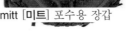

mitt [미트] 포수용 장갑

bird [버-(얼)드] 새

fish [피쉬] 물고기

two [투] 둘, 2

Lesson Two

제2과

---

(1) **Is this a dog?**
이즈 디쓰 어 도-그

Yes, it is.
예스 잍 이즈

(2) **Is that a dog, too?**
이즈 댙 어 도-그 투

No, it is not. it is a cat.
노우 잍 이즈 낱 잍 이즈 어 캣

---

(1) 이것은 (한 마리의) 개입니까?
— 네, 그렇습니다.
(2) 저것은 또한 (한 마리의) 개입니까?
— 아니오, 그것은 개가 아닙니다. 그것은 고양이입니다.

[발음과 뜻]

two [투] 둘, 2
dog [도-그] 개
yes [예스] 네
it [잍] 그것은
too [투] 또한
no [노우] 아니다
cat [캩, 캣] 고양이

[읽는 법]

(1) Is this a dog? ↗

- Is와 dog는 강하게 힘을 주어 발음하고 끝을 올린다.

  Yes, it is. ↘

- Yes는 강하게. it is는 [이티즈] 하는 식으로 연속해서 읽는다.

(2) Is that a dog, too? ↗

- dog보다도 too를 강하게 읽는다. that은 this와 대응 관계를 이루므로 강하게 읽는다.

  No, ↘ it is not. ↘ It is a cat. ↘

- No는 강하게, 여기에서 약간 멈춘다. it is는 약하게. not은 강하게.
- It is[이티즈]→가볍게. cat은 강하게, 다짐하는 기분으로.

[마법해설]

긍정문과 의문문

- 영어에서 This is a dog.을 의문문으로 만들기 위해서는 This와 is의 순서를 바꾼다.

  <u>This is</u> a dog. ↘ 이것은 개입니다.
  <u>Is this</u> a dog? ↗ 이것은 개입니까?

- No, it is not.은 No, it is not a dog.를 줄인 말이다.

EXERCISES

다음 그림을 보고 영어로 대답하시오.

1. Is this a racket?

_____

racket

2. Is that a bench?

_____

bench

3. Is this a bench, too?

_____

sofa

4. Is that a glove?

_____

glove

5. Is that a glove, too?

_____

mitt

6. Is this a bird?

_____

bird

7. Is that a bird, too?

_____

fish

[해답]

1. Yes, it is.
2. Yes, it is.
3. No, it is not. It is a sofa.
4. Yes, it is.
5. No, it is not. It is a mitt.
6. Yes, it is.
7. No, it is not. It is a fish.

제3과의 주요 단어들

flower [플라워] 꽃

rose [로우즈] 장미

ball [볼] 공

bag [배-그] 백

building [빌딩] 건물

flag [플래-그] 기

swallow [스왈로우] 제비

three [쓰리] 3

Lesson Three
제3과

(1) **What is this?**
　왓　　이즈　디스

It is a flower.
잍　이즈　어　플라워

(2) **What flower is it?**
　왓　플라워　이즈　잍

It is a rose.
잍　이즈　어　로우즈

(1) 이것은 무엇입니까?　　— 그것은 꽃입니다.

(2) 그것은 무슨 꽃입니까?　　— 그것은 장미입니다.

[발음과 뜻]

three [쓰리] 3

what [왈, 왓] 무엇

flower [플라워] 꽃

rose [로우즈] 장미

[읽는 법]

(1) What is this? ↘　It is a flower. ↘

- What처럼 묻는 뜻을 가진 말로 시작되는 문장은 Is this … ?의 경우와는 달리 끝을 '내림조'로 발음한다. What은 강하게, is는 약하게, this는 강하게.

- It is a flower의 It는 약하고 가볍게 [이티즈]로 이어서 발음하고 flower는 뚜렷하게 발음한다. It is는 회화체에서는 It's[이츠]라고

읽는다.

(2) What flower is it? ↘ It is a rose. ↘

- What flower의 두 마디는 같은 세기로 읽는다. 그리고 이어서 is it을 가볍게 발음한다. It is a rose.는 It is a flower.처럼 발음한다.

[마법해설]

(1) What is this? ↘ It is a flower. ↘

- 앞 과에서 본 Is this a dog?의 a dog 대신에 what을 놓으면 '이것은 무엇입니까?'라는 뜻이 되는데, 영어에서 의문사는 언제나 문장 첫머리에 온다는 규칙이 있으므로 문장 맨 앞에 놓는다.
- 이러한 물음에 대한 대답은 Yes나 No를 사용하지 않는다. 묻고자 하는 대상의 성격이나 본질, 정체성을 묻는 것이지, 긍정(Yes)이나 부정(No)을 묻는 것이 아니기 때문이다.
- 묻는 말은 this이지만 대답은 it으로 받는다.

(2) What flower is it? ↘ It is a rose. ↘

- What은 (1)처럼 단독으로도, (2)처럼 명사 앞에서도 쓸 수 있다.
- It is a rose.는 It's a rose.라고도 한다. It's [이츠]는 It is를 줄인 말이다.

EXERCISES

다음 물음에 대한 답을 오른쪽 그림을 보고 쓰시오.

1. What is this?

_____ ball

2. What is that?

_____ bag

3. What building is this?

_____ church

4. What is this?

_____ flag

5. What bird is that?

_____ swallow

6. Is this a bird?

_____ bird

7. Is that a bird, too?

_____ fish

[해답]

1. It is a ball.
2. It is a bag.
3. It is a church.
4. It is a flag.
5. It is a swallow.
6. Yes, it is a bird.
7. No, it is not. It is a fish.

제4과의 주요 단어들

apple [애플] 사과

orange [오린지, 오렌지] 오렌지

map [맵] 지도

atlas [애틀러스] 지도책

watch [워취] 손목시계

clock [클록] 벽시계

duck [덕] 오리

hen [헨] 암탉

21

Lesson Four

제4과

---

(1) **Is this an apple or an orange?**
　이즈 디스　언　애플　　오어 언　오린지

(2) **It is an apple.**
　일　이즈 언　애플

---

(1) 이것은 사과입니까, 아니면 오렌지입니까?

(2) 그것은 사과입니다.

[발음과 뜻]

four [포] 4

an [언] =a, '하나'의 뜻을 가진 품사로서 생물과 무생물 앞에
온다.

or [**오**어] 또는, 아니면

apple [**애**플] 사과

orange [**오**린지] 오렌지. [오]를 강하게 발음한다.

[읽는 법]

(1) Is this an apple ／ or an orange? ＼

• an apple은 [언 애플]하는 식으로 떼어서 읽지 말고 [어**내**플]하는
식으로 이어서 발음한다. or an orange도 [오어러**노**린(렌)지]라고
이어서 발음하되 [노]를 강하게 소리낸다.

- Is this an apple까지는 올림조로 읽고 or an orange는 내림조로 읽는다.

(2) It is an apple. \

- [이티스애내플]하는 식으로 전체를 단숨에 읽는다.

[마법해설]

(1) Is this an apple or an orange?

- A와 B 두 가지가 있을 때 그것이 A인지 B인지를 묻는 말이다.
- 이때 A와 B를 연결하기 위해서는 or를 사용한다. or를 접속사라고 한다.
- a와 an의 차이에 대해 알아보자. a는 다음에 오는 낱말(셀 수 있는 사물을 뜻하는 명사)이 '자음'으로 시작할 때, an은 '모음'(아, 에, 이, 오, 우)으로 시작할 때 사용한다.

a tree(어 트리) : 한 그루의 나무

an old tree(언 올드 트리) : 한 그루의 늙은 나무

- Is this A or B?에 대한 대답으로 Yes나 No는 사용하지 않는다. It is A. 또는 It is B. 하는 식으로 대답한다.

*숫자

1	one [원]	2	two [투]
3	three [쓰리]	4	four [포]
5	five [파이브]	6	six [씩스]
7	seven [쎄븐]	8	eight [에잍]
9	nine [나인]	10	ten [텐]

EXERCISES

다음 영문의 빈칸에 아래 그림의 단어를 넣고 읽으시오. 그리고 그 뜻을
말하시오.

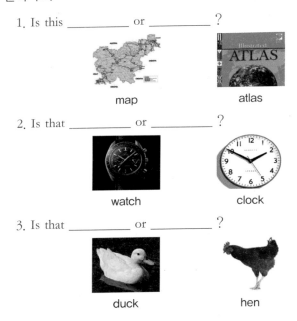

1. Is this _____ or _____ ?

   map   atlas

2. Is that _____ or _____ ?

   watch   clock

3. Is that _____ or _____ ?

   duck   hen

[해답]

1. Is this a map or an atlas?
   이것은 지도입니까, 지도책입니까?
2. Is that a watch or a clock?
   저것은 손목시계입니까, 벽시계입니까?
3. Is that a duck or a hen?
   저것은 오리입니까, 암탉입니까?

제5과의 주요 단어들

desk [데스크] 책상

table [테이블] 탁자

basket [배스킷] 바구니

girl [거-얼] 소녀

star [스타-] 별

picture [픽쳐] 그림

fox [팍스, 폭스] 여우

five [파이브] 5

Lesson Five

제5과

(1) **These are desks.**
디-즈 아- 데스크스

(2) **Those are tables.**
도우즈 아- 테이블즈

(3) **Are these boxes?**
아- 디-즈 박시즈

(4) **Yes, they are.**
예스 데이 아-

(5) **Are those boxes, too?**
아- 도우즈 박시즈 투

(6) **No, they are not. They are baskets.**
노우 데이 아- 낱 데이 아- 배스킷츠

(1) 이것들은 책상들입니다.

(2) 저것들은 탁자들입니다.

(3) 이것들은 상자들입니까?

(4) 네, 그렇습니다.

(5) 저것들 또한 상자들입니까?

(6) 아니오, 그렇지 않습니다. 그것들은 바구니들입니다.

[발음과 뜻]

five [**파이브**] 5
these [**디-즈**] 이것들은. this의 복수
are [**아**] 이다. is와 같은 뜻. 입을 크게 벌리고 발음한다.
desks [**데스크스**] 책상들. desk[데스크]의 복수
those [**도우즈**] 저것들은. that의 복수
boxes [**박시즈**] 상자들. box[박스]의 복수
tables [**테이블즈**] 탁자들. table[테이블]의 복수
they [**데이**] 그것들은
baskets [**배스킷츠**] 바구니들. basket[배스킷]의 복수. 어미가
-ts일 때는 [트스]가 아니라 [츠]라고 발음한다.

[읽는 법]

(1) These are desks. ↘ (2) Those are tables. ↘

• (1) (2) 모두 This is a book.과 같은 어조로 읽는다. 어미의 [스],
[즈]는 '여럿'을 뜻하므로 빠뜨리지 않도록 한다.

(3) Are these boxes? ↗

• Is this a pen.과 같은 어조로 읽는다. 끝은 올림조로 읽는다.

(5) Are these boxes, too? ↗
(6) No, they are not. ↘ They are baskets. ↘

• 위의 영문은 제2과의 Is this a dog, too? No, it is not. It is a cat.과
같은 방법으로 읽는다.

[마법해설]

(1) These are desks. (2) Those are tables.

- 영어에서는 수의 관념을 낱말의 모양을 통해 분명하게 나타낸다. 즉, 단수(하나인 경우)와 복수(둘 이상의 경우)의 구별을 분명히 하고 있다.
- '하나, 둘' 하고 셀 수 있는 명사가 하나일 때에는 명사 앞에 a나 an을 붙이고, 그것이 둘 이상일 때에는 명사 뒤에 −s나 −es를 붙인다.
- '...은'에 해당하는 말은 주어라고 한다. 주어가 단수일 때에는 '...이다'에 해당하는 말은 is이지만, 복수일 때에는 are를 사용한다.
- These are desks.를 단수의 경우와 비교하면 다음과 같다.

This	is	a	desk.
These	are	×	desk+s.

(3) Are these boxes?

- boxes는 box의 복수이다.
- 명사의 복수를 만들 때 일반적으로 명사의 어미에 [s(스)]를 붙인다. 그러나 명사의 어미가 [−s], [−ch], [−sh], [−x]로 끝날 때에는 [−es(이즈)]를 붙이는 것이 원칙이다.

class [클래스] → classes [클래시즈] 학급들

bench [벤취] → benches [벤취즈] 긴 의자들

brush [브러쉬] → brushes [브러쉬즈] 솔들

fox [팍스] → foxes [팍시즈] 여우들

EXERCISES

다음 영문의 주어를 복수형으로 고쳐서 문장을 다시 쓰시오.

1. This is a girl.

_____

2. That is not a star.

_____

3. What is this?

_____

4. It is a picture.

_____

5. Is it a dog?

_____

6. No, it is not.

_____

7. What is it, then?

_____

8. It is a fox.

_____

star

picture

fox

[해답]

1. These are girls. 이들은 소녀들입니다.
2. Those are not stars. 저것들은 별이 아닙니다.
3. What are these? 이것들은 무엇입니까?
4. They are pictures. 그것들은 그림들입니다.
5. Are they dogs? 그것들은 개들입니까?
6. No, they are not. 아니오, 그것들은 개들이 아닙니다.
7. What are they, then? 그럼, 그것들은 무엇입니까?
8. They are foxes. 그것들은 여우들입니다.

제6과의 주요 단어들

boy [보이] 소년

nurse [너-(얼)스, 널-스] 간호사

teacher [티-처] 선생

doctor [닥터] 의사

sailor [세일러] 수병

schoolgirl [스쿠-울거-얼] 여학생

schoolboy [스쿠-울보이] 남학생

six [씩스] 6

Lesson Six

제6과

---

(1) I am a boy.
아이 앰 어 보이

(2) You are a girl.
유- 아- 어 거-얼

(3) He is a teacher.
히 이즈 어 티-처

(4) She is a nurse.
쉬- 이즈 어 너- (얼)스

---

(1) 나는 (한 사람의) 소년입니다.
(2) 당신은 (한 사람의) 소녀입니다.
(3) 그는 (한 사람의) 교사입니다.
(4) 그녀는 (한 사람의) 간호사입니다.

[발음과 뜻]

six [**씩**스] 6
I [**아**이] 나는. [아]는 강하게, [이]는 약하게
am [앰] 이다
boy [**보**이] 소년
you [유-] 당신은
girl [거-얼] 소녀

he [히-] 그는
teacher [**티**-처] 선생님, 교사
she [쉬-] 그녀는
nurse [**너**-스, **널**-스] 간호사

[읽는 법]

(1) I am a boy. ↘

- I는 강하게 힘주어 발음하고 나머지 말들은 순차적으로 어조를 내려 읽는다. 끝은 내림조로 읽는다.
- 이하 (2), (3), (4) 모두 (1)과 같은 방법으로 발음한다.

[마법해설]

- 예문의 어순은 어느 것이나 This is a book.과 같으므로 낱말의 뜻만 알면 문장의 뜻은 쉽게 이해할 수 있을 것이다.
- am, are, is는 모두 '…이다'라는 뜻이지만 인칭에 따라서 구별해서 사용하므로 다음과 같이 기억해 두자.

I am [아이 앰] … (1인칭)   나는 …입니다.
You are [유 아] … (2인칭)   당신은(당신들은) …입니다.
He is [히 이즈] … (3인칭)   그는 …입니다.
She is [쉬 이즈] … (3인칭)   그녀는 …입니다.

- I는 문장의 어느 위치에 있든 항상 대문자로 쓴다.
- you, he, she, it은 문장 처음에 올 때를 제외하고는 소문자로 쓴다.

EXERCISES

다음 우리말을 영어로 말하시오.

1. 나는 수병입니다.

_____

2. 당신은 의사입니까?

_____

—네, 그렇습니다.

_____

3. 그는 남학생입니다.

_____

4. 그녀는 여학생입니까?

_____

—아닙니다, 그렇지 않습니다.

_____

5. 그는 선생님이 아닙니다.

_____

sailor

doctor

schoolboy

schoolgirl

teacher

[해답]

1. I am a sailor.
2. Are you a doctor? —Yes, I am.
3. He is a schoolboy.
4. Is she a schoolgirl? —No, she is not.
5. He is not a teacher.

제7과의 주요 단어들

boys [보이즈] 소년들

girls [거-얼스] 소녀들

teachers [티-처스] 교사들

sailors [쎄일러즈] 수병들

clerks [클러-크스] 사무원들

engineers [엔지니어즈] 기술자들

nurses [너-(얼)시즈, 널시즈] 간호사들

roses [로우지즈] 장미들

Lesson Seven
제7과

(1) **We are boys.**
위   아-   보-이즈

(2) **You are girls.**
유-   아-   거-얼스

(3) **They are teachers.**
데이   아-   티-처스

(1) 우리는 소년들입니다.
(2) 당신들은 소녀들입니다.
(3) 그들은(그녀들은) 교사들입니다.

[발음과 뜻]

seven [쎄븐] 7
we [위] 우리들. I의 복수
you [유] 당신들. you(당신)의 복수. 모양은 단수의 경우와 같다.

[읽는 법]

• 모두 내림조로 읽는다.

[마법해설]

- '…이다'라는 말은 영어의 경우 주어가 단수인 경우에는 인칭에 따라서 여러 가지로 변화한다.

  I am [아이 앰] …   You are [유 아] …   He is [히 이즈] …

- 그러나 주어가 복수일 경우에는 인칭에 관계없이 are이다.

  We are [위 아] …   (1인칭 복수)   우리들은 …입니다.
  You are [유 아] …   (2인칭 복수)   당신들은 …입니다.
  They are [데이 아] … (3인칭 복수)   그들은(그녀들은) …입니다.

- 주어가 복수이므로 are 다음에 오는 명사도 복수이다.
- 주어 you가 단수인가 복수인가는 are 다음에 오는 명사가 단수인가 복수인가에 의해서 정해진다.
- 예문을 의문문, 부정문으로 바꾸는 요령은 앞 과와 같다.

** 영어 명언

Genius is Patience. [지니어스 이즈 패이션스.]
천재는 인내이다. −뷔퐁(프랑스 비평가)

EXERCISES

다음 영문의 명사를 복수형으로 바꾸어 다시 쓰시오.

1. I am a sailor.

   _____

sailor

2. You are a clerk.

   _____

clerk

3. He is an engineer.

   _____

engineer

4. Is she a nurse?

   _____

nurse

5. It is not a rose.

   _____

rose

[해답]

1. We are sailors.
2. You are clerks.
3. They are engineers.
4. Are they nurses?
5. They are not roses.

제8과의 주요 단어들

gentleman [젠틀맨] 신사

doctor [닥터] 의사

schoolboy [스쿠ー울보이] 남학생

teacher [티ー처] 선생

lady [레이디] 숙녀

newsboy [뉴ー스보이] 신문팔이

who [후] 누구

eight [에이트] 8

Lesson Eight
제8과

---

(1) **Who is that gentleman?**
　후우　　이즈 댈　　젠틀맨

(2) **He is Mr. Brown.**
　히　　이즈 미스터 브라운

(3) **What is he?**
　왈　　이즈 히

(4) **He is a doctor.**
　히　 이즈 어 닥터

---

(1) 저 신사는 누구입니까?
(2) 그는 브라운 씨입니다.
(3) 그는 무엇입니까(무엇을 하는 사람입니까)?
(4) 그는 (한 사람의) 의사입니다.

[발음과 뜻]

eight [에이트] 8
who [후] 누구
that [댈, 댓] 저
gentleman [젠틀맨] 신사. man은 힘을 주지 않고 아주 가볍게 발음한다.
Mr. [미스터] …씨. 성 앞에 붙이는 존칭. 남자에게 사용한다. Mister의 약어. 문장 안 어느 위치에 있어도 M을 대문자로 쓴다.

Brown [브라운] 브라운. 사람의 성(姓)
doctor [닥터] 의사

[읽는 법]

(1) Who is that gentleman? ↘
(2) What is he? ↘

- 의문사로 시작하는 문장이므로 내림조로 읽는다. 대답하는 문장도 마찬가지이다.

[마법해설]

(1) Who is that gentleman?

- who는 '이름'이나 '가족 관계'를 물을 때에, what는 '신분'이나 '직업'을 물을 때에 사용한다.
- who나 what을 의문대명사라고 한다.

(2) He is Mr. Brown.

- Brown과 같이 어떤 사물이나 사람에게 주어진 고유한 이름을 나타내는 말을 고유명사라고 한다. 고유명사는 문장 어디에 놓이더라도 첫 글자를 언제나 대문자로 쓴다.
- 친한 사람에게는 Tom이나 John 등과 같이 그 사람의 이름을 부를 수 있으나 그다지 친한 사이가 아닐 때에는 남자에게는 Mr.와 같은 존칭을 붙인다. 존칭은 이밖에도 다음과 같은 것이 있다.
- Mrs. [미시-즈 : …부인] 결혼한 여자에게 사용한다. 첫 글자가 대문자로 시작하고 끝부분에는 마침표(.)를 찍는다.

- Miss [**미**스 : …양] 미혼 여자에게 사용한다. 첫 글자가 대문자로 시작하지만 약어가 아니기 때문에 마침표는 찍지 않는다.
- Ms(또는 Ms.) [**미**즈 : …씨] 결혼 여부와 상관없이 여성의 성이나 이름 앞에 사용한다. 첫 글자가 대문자로 시작하고 끝부분에는 마침표(.)를 찍기도 하고 찍지 않기도 한다.
- Dr. [**닥**터] 박사나 의사에게 사용한다.

✱숫자

11 eleven [일레븐]

12 twelve [트웰브]

13 thirteen [써틴]

14 fourteen [포틴]

15 fifteen [피프틴]

16 sixteen [씩스틴]

17 seventeen [쎄븐틴]

18 eighteen [에이틴]

19 nineteen [나인틴]

20 twenty [트웬티]

EXERCISES

다음 빈칸에 적당한 말을 넣으시오.

1. _____ are you?
   I _____ a schoolboy.

2. What _____ I?
   You _____ a teacher.

3. _____ is that lady?
   _____ is Mrs. Kim.

4. Who _____ _____ ?
   I am Mary.

5. _____ _____ that boy?
   He is a newsboy.

schoolby

teacher

lady

newsboy

[해답]

1. (What, am) 당신은 무엇(무엇을 하는 사람)입니까? 나는 남학생입니다.
2. (am, are) 나는 무엇(무엇을 하는 사람)입니까? 당신은 교사입니다.
3. (Who, She) 저 부인은 누구입니까? 김여사입니다.
4. (are, you) 당신은 누구입니까? 나는 메어리입니다.
5. (What, is) 저 소년은 무엇(무엇을 하는 사람)입니까? 그는 신문팔이입니다.

제9과의 주요 단어들

name [네임] 이름

desk [데스크] 책상

father [파-더] 아버지

cousin [커즌] 사촌

house [하우스] 집

child [차일드] 아이

mother [마더] 어머니

nine [나인] 9

Lesson Nine

제9과

---

(1) **What is your name?**
왈 이즈 유어 네임

(2) **My name is James Harris.**
마이 네임 이즈 제임스 해리스

(3) **What is that boy's name?**
왈 이즈 댈 보이즈 네임

(4) **His name is Tom Brown.**
히즈 네임 이즈 톰 브라운

---

(1) 당신의 이름은 무엇입니까?
(2) 나의 이름은 제임스 해리스입니다.
(3) 저 소년의 이름은 무엇입니까?
(4) 그의 이름은 톰 브라운입니다.

[발음과 뜻]

nine [**나인**] 9

your [**유어**] 당신의. [어]는 가볍게 발음한다.

name [**네임**] 이름

my [**마이**] 나의. [마]를 강하게 약간 끌다가 [이]를 가볍게 발음한다.

James Harris [**제임스 해리스**] 제임스 해리스. James가 이름이고 Harris가 성이다. 서양에서는 이름 다음에 성이 온다.

boy's [보이즈] 소년의
his [히즈] 그의
Tom [톰] 톰. 남자 이름

[읽는 법]

(1) What is your name? ↘

- What은 강하게, is, your는 가볍게, name은 강하게. 끝은 내림조로 읽는다.

(2) My name is James Harris. ↘

- My name은 분명하게, James는 높은 어조로, Harris는 강하지만 어조를 내려서 발음한다.
  (3)과 (4)는 (1)과 (2)와 같은 방법으로 읽는다.

[마법해설]

(1) What is your name?

- 이 예문은 What is this의 this 대신에 your name으로 바꾸어 놓은 것이므로 뜻을 쉽게 이해할 수 있을 것이다.
- your는 소유의 뜻을 나타내는 말로 인칭에 따라서 다음과 같이 모양이 변한다.

  나의=my [마이]   당신의=your [유어]
  그의=his [히즈]   그녀의=her [헐]

- 소유를 나타내는 말은 단독으로 쓰이지 않고 반드시 다음에 명사가 온다.

45

my book [마이 북]　**나의 책**　your book [유어 북]　**당신의 책**
his book [히즈 북]　**그의 책**　her book [헐 북]　**그녀의 책**

(3) What is that boy's name?

- boy나 Tom과 같은 명사의 경우, 소유격은 그 명사 어미에 ['s](아포스트로피 에스)를 붙여서 나타낸다.

  This is Mr. Kim's desk.　이것은 미스터 김의 책상입니다.
  My sister's name is Young-heui.　나의 누이동생의 이름은 영희입니다.

- ['s]를 붙일 수 있는 것은 그 명사가 사람이나 생물을 나타내는 경우이다. 그렇지 않은 경우에는 'of=…의'를 사용해서 다음과 같이 나타낸다.

  a leg　of　a desk
  <u>어 레그 어브 어 데스크</u>
  _{(하나의) 다리}　　_{(하나의) 책상}

  ⇨ 책상의 다리(=책상 다리)

(2) My name is James Harris.
(4) His name is Tom Brown.

- James Harris, Tom Brown은 고유명사이다. 고유명사는 첫 글자가 언제나 대문자로 시작한다.
- 고유명사에는 원칙적으로 a(an)은 붙이지 않는다.

EXERCISES

다음 영문을 읽고 그 뜻을 말하시오.

1. What is your father's name?
   —His name is George Brown.

2. That is my cousin's house.

3. What is her name?
   —Her name is Young—heui Kim.

4. Are you Tom's brother? No, I am not.

5. Is she this child's mother? Yes, she is.

cousin

house

mother

[해답]

1. 당신 아버지의 이름은 무엇입니까? 그의 이름은 조지 브라운입니다.
2. 이것은 나의 사촌의 집입니다.
3. 그녀의 이름은 무엇입니까? 그녀의 이름은 김영희입니다.
4. 당신은 톰의 형(또는 동생)입니까? 아니오, 나는 톰의 형(동생)이 아 닙니다.
5. 그녀는 이 아이의 어머니입니까? 네, 그렇습니다.

제10과의 주요 단어들

parasol [패러솔] 양산

umbrella [엄브렐러] 우산

bag [배-그] 백

house [하우스] 집

pencil [펜슬] 연필

bicycle [바이시클] 자전거

car [카] 자동차

ten [텐] 열, 10

Lesson Ten
제10과

---

(1) **Whose   parasol   is   this?**
후즈   패러솔   이즈 디스

(2) **It   is   my   mother's   parasol.**
잍   이즈 마이   마더즈   패러솔

(3) **Whose   is   that   umbrella?**
후즈   이즈 댙   엄브렐러

(4) **It   is   mine.**
잍   이즈 마인

---

(1) 이것은 누구의 양산입니까?
(2) 그것은 나의 어머니의 양산입니다.
(3) 저 우산은 누구의 것입니까?
(4) 그것은 나의 것입니다.

[발음과 뜻]

ten [텐] 열, 10
whose [**후즈**] 누구의, 누구의 것
parasol [**패러솔**] 양산
umbrella [엄브렐러] 우산. [렐]을 강하게 발음한다.
mine [**마인**] 나의 것

[읽는 법]

(1) Whose parasol is this? ↘

- Whose parasol은 분명하고 강하게, is는 가볍게, this는 분명하게. 끝은 내림조로 읽는다.

(2) It is my mother's parasol. ↘

- It is는 가볍게, mother's는 강하게, parasol은 분명하게 발음한다.

(3) Whose is that umbrella? ↘

- Whose는 강하게, is는 가볍게, that은 분명하게, umbrella는 강하게, 끝은 내림조로 읽는다.

(4) It is mine. ↘

- It is는 가볍게, mine은 분명하게 발음한다.

[마법해설]

(1) Whose parasol is this?

- whose는 who의 소유격으로 다음에 명사가 오면 '누구의'라는 뜻이 된다.
- 이 whose는 예문 (3)처럼 단독으로 쓰이면 '누구의 것'이라는 뜻이 된다.

(4) It is mine.

- mine(나의 것)은 'my+명사' 대신에 쓰이는 대명사로 my umbrella

와 같은 말이다. 이와 같은 대명사를 소유대명사라고 한다.

| 나는   my **umbrella**   나의 우산
me   [미] 나를   mine   나의 것

• 사람이나 생물을 나타내는 명사의 경우는 그 명사 앞에 ['s]를 붙인 모양으로 사용한다.

mother's parasol   어머니의 양산
Mr. Kim's umbrella   김씨의 우산

＊숫자

21 twenty-one [트웬티 원]

22 twenty-two [트웬티 투]

23 twenty-three [트웬티 쓰리]

24 twenty-four [트웬티 포]

25 twenty-five [트웬티 파이브]

26 twenty-six [트웬티 씩스]

27 twenty-seven [트웬티 쎄븐]

28 twenty-eight [트웬티 에잍]

29 twenty-nine [트웬티 나인]

30 thirty [써티]

EXERCISES

다음 영문을 읽고 그 뜻을 말하시오.

1. Whose bag is this?
   —It is his bag.

bag

2. Whose is that house?
   —It is mine.

house

3. Are those pencils yours?
   —Yes, they are.

pencil

4. Whose bicycle is that?
   —It is my uncle's.

bicycle

5. Is that car your uncle's, too?
   —No, it is not.

car

[해답]

1. 이것은 누구의 가방입니까?
   —그것은 그의 가방입니다.
2. 저 집은 누구의 것입니까?
   —그것은 나의 집입니다.
3. 저 연필들은 당신의 것입니까?
   —네, 그것들은 나의 것입니다.
4. 저것은 누구의 자전거입니까?
   —그것은 나의 삼촌 것입니다.
5. 저 자동차 또한 당신 삼촌의 것입니까?
   —아니오, 그것은 나의 삼촌의 것이 아닙니다.

제11과의 주요 단어들

table [테이블] 탁자

vase [베이스] 꽃병

flower [플라워] 꽃

watch [워치] 손목시계

chair [체어] 의자

book [북, 붘] 책

girl [거-얼] 소녀

eleven [일레븐] 11

53

Lesson Eleven
제11과

---

(1) **Here is a table.**
히어 이즈 어 테이블

(2) **There is a vase on the table.**
데어 이즈 어 베이스 온 더 테이블

(3) **There are some flowers in the vase.**
데어 아- 썸 플라우워즈 인 더 베이스

---

(1) 여기에 탁자가 (하나) 있습니다.
(2) (그) 탁자 위에는 꽃병이 (하나) 있습니다.
(3) (그) 꽃병 (안)에는 꽃 몇 송이가 있습니다.

[발음과 뜻]

eleven [일레븐] 11
here [히어] 여기에
is [이즈] …이 있다
are [아-] …이 있다
there [데어] 거기에. There is(are)로 시작하는 문장(…이 있다)은 '사람'이나 '물건'의 존재를 나타낸다. 이러한 유형의 문장에서는 there에 '거기에'라는 뜻은 없다.
vase [베이스] 꽃병
the [더] 그
some [썸] 약간의. 분명치 않은 수나 양을 나타낸다.

in [인] …안에

[읽는 법]

- Here is, There is, There are는 어느 경우나 [히어리즈], [데어리즈], [데어라]라고 이어서 발음한다.

(1) Here is a table. ↘

- 단숨에 읽는다. 끝은 내림조로.

(2) There is a vase on the table. ↘
(3) There are some flowers in the vase. ↘

- a vase, some flowers에서 잠깐 멈춘다.
- on the table, in the vase는 단숨에 읽는다.

[마법해설]

(1) Here is a table.

- Here is는 '여기에 …이 있다'는 뜻이다. 이때의 is는 '사람'이나 '물건'의 존재를 나타낸다.
- 어순에 주의한다. is가 주어 앞에 와 있다.
- a table이 복수가 되어 tables가 되면 Here is …는 Here are …가 된다.

(2) There is a vase on the table.

- Here is …의 Here는 분명히 '여기에'라는 장소를 나타낸다.
- 그러나 예문 There is(are) …에서 There에는 꽃병이 있다는, 즉, 꽃

병의 존재만을 나타낼 뿐, 그 꽃병이 어디에 있는가는 알 수가 없다. 따라서 There is(are) …일 경우 장소를 나타낼 필요가 있다.

- on the table의 on은 '… 위에'라는 뜻으로 (3)의 in(… 안에)와 마찬가지로 장소를 나타낼 때 쓰이는 말이다. 다음에 명사나 대명사가 온다.

- on이나 in은 명사나 대명사 앞에 놓이는 말이기 때문에 이것을 문법용어로 전치사라고 한다.

- the table의 the는 한 번 나온 명사가 두 번째로 나왔을 때 그 명사 앞에 붙이는 관사의 일종으로, 특정(特定)된 명사 앞에 붙이기 때문에 정관사라고 한다. 정관사 the는 '그'라고 해석할 수 있다. 이에 비해 이제까지 나왔던 a나 an은 특정되어 있지 않은 명사 앞에 붙이기 때문에 부정관사라고 한다. 부정관사 a나 an은 '하나의'라고 해석할 수 있다.

(3) There are some flowers in the vase.

- There are …는 뒤에 오는 주어가 복수일 때 사용하는 문형이다.
- some은 '몇 개의', '약간의'의 뜻을 나타내는 말로 수나 양을 나타낼 때에도 쓰인다.
- 그러나 의문문이나 부정문에서는 some이 any로 변한다. 뜻은 '어떠한 ~라도' 또는 '약간의'로 해석한다.

Are there any boys in the room?
방 안에 소년들이 (몇 명, 또는 몇 명이라도) 있습니까?

No, there are not any boys in the room.
아닙니다, 방에는 어떠한 소년도 없습니다.

EXERCISES

다음 우리말을 영문으로 고치시오.

1. 여기에 당신의 시계가 있습니다.

2. 탁자 옆에 하나의 의자가 있습니다.

watch

3. 나의 가방에 세 권의 책이 들어 있습니다.

chair

4. 바구니 안에 몇 개의 사과가 있습니다.

5. 창가에 4명의 소녀가 있습니다.

book

[해답]

apple

1. Here is your watch.
2. There is a chair by the table.
3. There are three books in my bag.
4. There are some apples in the basket.
5. There are four girls at the window.

girl

제12과의 주요 단어들

desk [데스크] 책상

chalk [초-크] 분필

garden [가-든] 정원

flower bed [플라워 베드] 꽃밭

egg [에그] 달걀

window [윈도우] 창문

paper [페이퍼] 종이

picture [픽쳐] 사진, 그림

Lesson Twelve
제12과

(1) **What is there on the desk?**
왈 　이즈 데어 　온 　더 　데스크

(2) **There is a box on it.**
데어 　이즈 어 　박스 　온 　잍

(3) **What are there in the box?**
왈 　아- 　데어 　인 　더 　박스

(4) **There are five pieces of chalk in it.**
데어 　아- 　파이브 피씨즈 　오브 초크 　인 　잍

(1) 책상 위에는 무엇이 있습니까?
(2) 그 위에는 하나의 상자가 있습니다.
(3) (그) 상자 안에는 무엇이 있습니까?
(4) 그 안에는 다섯 개의 분필이 있습니다.

[발음과 뜻]

twelve [트웰브] 12

pieces [피씨즈] piece[피쓰](조각)의 복수. a piece of-의 형식으로 쓰여서 자르거나 나누어 놓은 것의 한 부분이나 조각을 가리킨다.

chalk [초크] 분필

[읽는 법]

(1) What is there on the desk? ＼

• What is there에서 잠깐 숨을 쉬고 on the desk를 단숨에 읽는다. on the는 가볍게, desk는 분명하게 읽는다. 회화체에서는 What is는 What's [왓츠]로 줄여서 읽는다. 문장 끝은 내림조로 읽는다.

(2) There is a box on it. ＼

• There is를 [데어리즈]로 이어서 읽는 것을 잊어서는 안 된다. (4)의 There are도 마찬가지이다.
• There is a box에서 잠깐 끊고 on it를 [온 일]이라고 따로따로 읽지 않고 [오닢]이라고 이어서 읽는다.

(3) What are there in the box? ＼

• (1)과 같은 방법으로 읽는다.

(4) There are five pieces of chalk in it. ＼

• (2)와 같은 방법으로 읽는다. five pieces of chalk는 한 덩어리로, in it은 [이닢]이라고 읽는다.

[마법해설]

(1) What is there on the desk?

• 이것은 다음과 같은 순서로 생각하면 좋다.

There is a box on the desk.

Is there a box on the desk?

What is there on the desk?

(4) There are five pieces of chalk in the box.

- chalk는 한 자루, 두 자루라고 세므로 a chalk라고 할 것 같지만 a chalk라고는 말하지 않는다.

- 예를 들어 여기에 상자가 하나 있을 경우 그것을 a box라고 하지만 만약에 이 상자를 부수면 그 조각들을 box라고는 하지 않는다.

- 그런데 chalk의 경우에는 하나의 chalk를 두 개로 부러뜨려도 역시 chalk이다. 즉, chalk는 완성된 물건에 붙인 이름이 아니라 그 재료가 되어 있는 물질을 나타내는 명사이다. 이러한 명사를 물질명사라고 한다.

- 한편 box나 boy와 같은 명사는 보통명사라고 한다.

- 물질명사의 수량을 나타내는 방법은 다음과 같다.

  a piece of chalk   한 자루의 분필
  a glass of water   한 컵의 물
  a sheet of paper   한 장의 종이
  a cup of tea   한 잔의 차

- 두 자루의 분필이라고 할 경우에는 two pieces of chalk라고 하며 piece를 복수형으로 만들고 chalk는 그대로 둔다.

EXERCISES

다음 글을 우리말로 번역하시오.

1. What is there in the garden?
   —There is a flower bed.

garden

2. What are there in the basket?
   —There are some eggs.

flower bed

3. Is there a boy at the window?
   —No, there is not.

4. There are ten sheets of paper on the desk.

basket

5. What are there on the wall?
   —There are two pictures.

egg

[해답]

1. 정원에 무엇이 있습니까?
   —꽃밭이 있습니다.
2. 바구니 안에 무엇이 있습니까?
   —몇 개의 달걀이 있습니다.
3. 창가에 소년이 있습니까?
   —아니오, 없습니다.
4. 책상 위에 종이가 열 장 있습니다.
5. 벽에 무엇이 있습니까?
   —그림이 두 장 있습니다.

window

제13과의 주요 단어들

sister [씨스터] 언니, 누나

school [스쿠-울] 학교

library [라이브러리] 도서관

park [파-크] 공원

mother [마더] 어머니

kitchen [키친] 부엌

church [처-치] 교회

bridge [브릿지] 다리

Lesson Thirteen
제13과

(1) **Where is your sister?**
웨어　　이즈 유어　　씨스터

(2) **She is in the garden.**
쉬　　이즈 인　더　　가든

(1) 당신의 누나(여동생, 언니)는 어디에 있습니까?
(2) 그녀는 정원 (안)에 있습니다.

[발음과 뜻]

thirteen [써**틴**] 13
where [**웨**어] 어디에
sister [**씨**스터] 누나(누이동생, 언니를 뜻하기도 함)

[읽는 법]

(1) Where is your sister? ↘

• Where is는 이어서 읽는다. 끝은 내림조로.

(2) She is in the garden. ↘

• She는 가볍게, is에서 잠깐 멈추고 in the garden은 한 덩어리로 읽는다. 끝은 내림조.

[마법해설]

(1) Where is your sister?

- '…은 ~에 있다', 예를 들어 '당신 누이동생은 방 안에 있다'는 다음과 같이 말한다.

  Your sister is in the room. [유어 시스터 이즈 인 더 룸]

- 이것을 의문문으로 고치려면 어떻게 하는가?

  긍정문 Your sister is in the room.
  의문문 Is your sister in the room?

- 위의 예문에서 'in the room', 즉, '어디'를 물을 때에 사용하는 것이 where(어디에)이다. in the room을 where로 바꾸면 '당신 누이동생은 어디에 있는가?'라고 하는 의문문이 되는데 where는 의문사이므로 문장 앞에 놓는다.

  Where is your sister? (당신의 누나는 어디에 있습니까)

(2) She is in the garden.

앞에서 배웠듯이 in은 '~ 안에'라는 뜻이다. 그러므로 in the garden은 '정원 안에서'라는 뜻이 된다.

She is in the garden. (그녀는 정원 (안)에 있습니다.)

EXERCISES

다음 우리말을 영어로 말하시오.

1. 당신 가방은 어디에 있습니까?
   —그것은 의자 위에 있습니다.

2. 그들의 학교는 어디에 있습니까?
   —그것은 언덕 위에 있습니다.

school

3. 도서관은 어디에 있습니까?
   —그것은 공원 안에 있습니다.

library

4. 그의 어머니는 어디에 계십니까?
   —그녀는 부엌에 계십니다.

5. 그 교회는 다리 옆에 있습니까?
   —네, 그것은 다리 옆에 있습니다.

park

[해답]

1. Where is your bag?
   —It is on the chair.
2. Where is their school?
   —It is on the hill.
3. Where is the library?
   —It is in the park.
4. Where is his mother?
   —She is in the kitchen.
5. Is the church by the bridge?
   —Yes, it is.

kitchen

bridge

제14과의 주요 단어들

spring [스프링] 봄

summer [써머] 여름

autumn [오텀] 가을

winter [윈터] 겨울

table [테이블] 탁자

pond [폰-드] 연못

cage [케이지] 새장

gate [게이트] 문

Lesson Fourteen

제14과

(1) **How many seasons are there in a year?**
하우 매니 씨즌즈 아 데어 인 어 이어

(2) **There are four seasons in a year.**
데어 아 포 씨즌즈 인 어 이어

(3) **What are they?**
왓 아 데이

(4) **They are spring, summer, autumn and winter.**
데이 아 스프링 써머 오텀 앤드 윈터

(1) 1년에는 계절이 몇 개 있습니까?
(2) 1년에는 네 계절이 있습니다.
(3) 그것들은 무엇입니까?
(4) 그것들은 봄, 여름, 가을, 그리고 겨울입니다.

[발음과 뜻]

fourteen [포틴] 14
how [하우] 어떻게
many [매니] 많은
season [씨즌] 계절
year [이어] 해
spring [스프링] 봄
summer [써머] 여름

autumn [오텀, 오럼] 가을
and [앤드] 그리고
winter [윈터] 겨울

[읽는 법]

(1) How many seasons are there in a year? ↘

- How는 강하게, many는 가볍게, seasons는 분명하고 강하게 읽는
다. How에서 are there까지는 단숨에, in a year는 [이너이어]라고
이어서 읽는다. 끝은 내림조로 읽는다.

(2) There are four seasons in a year. ↘

- There are는 [데어러]라고 가볍게 이어서 읽고 four는 분명하고
강하게 읽는다. seasons는 가볍게 읽는다.

(3) What are they? ↘

- What은 강하게, are는 가볍게, they는 분명하게 읽는다.

(4) They are spring,↗ summer,↗ autumn↗ and winter. ↘

- They are는 가볍게, spring, summer, autumn까지는 저마다 약간의
공백을 두고 올림조로 읽는다. and winter는 내림조로 분명하게
읽는다.

[마법해설]

(1) How many seasons are there in a year?

- How many는 '몇 개의'라고 수를 물을 때 사용하는 의문사이므로 what이나 who와 마찬가지로 문장 앞에 놓는다.
- 수를 물을 때에는 How many ~, 양을 물을 때에는 How much ~ 를 사용한다.

How many **pictures are there on the wall?**
벽에는 몇 장의 그림이 걸려 있는가?

How much **water is there in this bottle?**
이 병에는 어느 정도의 물이 들어 있는가?

(2) There are four seasons in a year.

- 이것은 (1)에 대한 대답으로, 간단히 Four seasons.라고만 해도 좋다.

(3) What are they?

- they는 four seasons을 받는 대명사(앞의 명사를 대신하는 명사. 그, 그녀, 그것, 그것들…)로 '그것들은'이라는 뜻이다.

(4) They are spring, summer, autumn and winter.

- 명사, 또는 대명사를 셋 이상 나열해서 말할 때에는 and는 언제나 마지막 말 앞에 놓는다. 예를 들어 A와 B와 C와 D라고 할 때 A, B, C and D라고 한다.
- A와 B 다음에는 쉼표(,)를 찍는다. C 다음에는 찍지 않아도 된다.

EXERCISES

묻고 대답하는 말을 스스로 만들어 보시오.

table

1. _____ does the table have?
   (그 탁자는 몇 개의 다리를 가지고 있습니까?)
   —It has _____.

2. _____ are there by the pond?
   (연못가에는 몇 그루의 나무들이 있습니까?)
   —There are _____.

3. _____ are there in the cage?
   (새장 안에는 몇 개의 사과들이 있습니까?)
   —There are _____.

4. _____ are there in the shopping bag?
   (장바구니 안에는 몇 개의 사과들이 있습니까?)
   —There are _____.

cf. pond : 연못/birdcage : 새장/canaries(=canary : 카나리아)/shopping
bag : 장바구니

[해답]

1. How many legs : four (legs) 그것은 네 개의 다리를 가지고 있습니다.
2. How many trees : three (trees) 세 그루의 나무들이 있습니다.
3. How many birds : two (birds) 두 마리의 새들이 있습니다.
4. How many apples : three (apples) 세 개의 사과들이 있습니다.

제15과의 주요 단어들

ball [보−올] 공

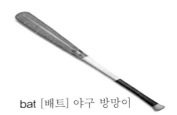
bat [배트] 야구 방망이

glove [글러브] 야구 장갑

parasol [패러솔] 양산

watch [워취] 손목시계

racket [래킷] 라켓

wing [윙] 날개

umbrella [엄브렐러] 우산

Lesson Fifteen
제15과

(1) **I have a ball.**
아이 해브 어 보-올

(2) **You have a bat.**
유 해브 어 배트

(3) **He has a glove.**
히 해즈 어 글러브

(1) 나는 (하나의) 공을 가지고 있습니다.
(2) 당신은 (하나의) 야구 방망이를 가지고 있습니다.
(3) 그는 (하나의) 야구 장갑을 가지고 있습니다.

[발음과 뜻]

fifteen [피프틴] 15
have [해브] 가지고 있다
bat [배트] 야구 방망이
has [해즈] 가지고 있다. (have와 뜻이 같다.)
glove [글러브] 야구 장갑

[읽는 법]

- (1), (2), (3) 모두 단숨에 읽는다.
- I have, You have, He has는 보통으로, a는 가볍게, 마지막 말 ball, bat, glove는 분명히, 그리고 강하게 발음한다.

[마법해설]

(1) I have a ball.

- have는 '가지고 있다'는 뜻이지만 반드시 손에 가지고 있다는 것만을 뜻하는 것이 아니라 '소유'하고 있다는 뜻도 있다.
- '가지고 있다'는 말은 마땅히 '무엇을' 가지고 있는가 하는 의문을 불러일으키는데, a ball이 이것을 해결해 주고 있다. 이때 have를 동사, a ball을 have의 목적어라고 한다.
- 동사 have처럼 목적어('…을'로 해석되는 부분)가 필요한 동사를 타동사, 목적어가 필요하지 않는 동사를 자동사라고 한다.

(2) He has a glove.

- 위의 예문에서는 have 대신에 has가 쓰이고 있다. have는 주어가 단수인 경우에 다음과 같이 변한다.

  I have a glove. — 1인칭
  You have a glove. — 2인칭
  He(She, It) has a glove. — 3인칭

- 주어가 복수일 때에는 어느 경우에나 have이다.
- have나 has를 '가지고 있지 않다'의 뜻으로 부정하려면 have나 has 뒤에 'not'를 놓으면 된다.

  I have not a glove. 나는 장갑을 가지고 있지 않습니다.
  You have not a glove. 당신은 장갑을 가지고 있지 않습니다.
  He(She) has not a glove. 그는 (그녀는) 장갑을 가지고 있지 않습니다.

EXERCISES

다음 글을 영어로 번역하시오.

1. 나의 어머니는 양산을 가지고 있습니다.

2. 나는 손목시계를 가지고 있지 않습니다.

3. 그 소년들은 라켓을 가지고 있습니다.

4. 새들은 날개를 가지고 있습니다.

5. 그는 우산을 가지고 있지 않습니다.

parasol

watch

wing

racket

[해답]

1. My mother has a parasol.
2. I have not a watch.
3. The boys have rackets.
4. Birds have wings.
5. He has not an umbrella.

umbrella

제16과의 주요 단어들

camera [캐머러] 사진기

doll [돌] 인형

glove [글러브] 야구 장갑

hat [햍, 햇] 모자

cap [캡] 캡

umbrella [엄브렐러] 우산

hand [핸드] 손

sixteen [씩스틴] 16

Lesson Sixteen
제16과

(1) **Have you a camera, Tom?**
　　해브　유　어　캐머러　톰

(2) **No, I have not.**
　　노우　아이해브　낱

(3) **What has Mary in her hand?**
　　왙　해즈　메어리　인　허　핸드

(4) **She has a doll in her hand.**
　　쉬　해즈　어　돌　인　허　핸드

(1) 톰, 당신은 사진기를 가지고 있습니까?
(2) 아니오, 나는 가지고 있지 않습니다.
(3) 메어리는 손 (안)에 무엇을 가지고 있습니까?
(4) 그녀는 손 (안)에 인형을 가지고 있습니다.

[발음과 뜻]

sixteen [씩스틴] 16
camera [캐머러] 카메라, 사진기
Mary [메어리] 여자 이름
hand [핸드] 손
doll [돌] 인형

[읽는 법]

(1) Have you a camera, Tom?

- camera까지 올림조로 단숨에 읽고 잠깐 끊었다가 Tom이라고 계속한다(의문사가 없는 의문문이므로, 맨 끝에 나온 단어 Tom도 올림조로 읽는 것이다.).

(2) No, I have not.

- No를 강하게 읽고 끊었다가 마지막 not은 분명하고 강하게 읽는다.

(3) What has Mary in her hand?

- What has Mary까지 단숨에 읽고 잠깐 끊었다가 in her hand를 단숨에 이어서 읽는다. 끝은 내림조로 읽는다(의문사 What이 있는 의문문이므로, 맨 끝에 나온 단어 hand를 내림조로 읽는 것이다).

(4) She has a doll in her hand.

- She has a doll까지 단숨에 읽고 잠깐 끊었다가 in her hand를 단숨에 이어서 읽는다. 끝은 내림조로 읽는다(의문문이 아닌 평서문이므로, 끝을 내림조로 읽는 것이다).

[마법해설]

(1) Have you a camera, Tom?

- have가 포함된 문장을 의문문으로 만들기 위해서는 예문처럼 have를 주어 앞에 놓는다. has의 경우도 마찬가지이다.

(2) No, I have not.

- (1)에 대한 대답이다. 이것은 No, I have not a camera.를 줄인 말이다. 긍정문이라면 Yes, I have.가 된다.

(3) What has Mary in her hand?

- (1)의 Have you a camera?의 camera 대신에 what을 놓으면 '당신은 무엇을 가지고 있는가'라는 뜻이 되는데 what은 의문사이므로 문장 앞에 놓는다.

Have you <u>a camera</u>?(당신은 카메라를 가지고 있습니까?)

Have you <u>what</u>?

<u>What</u> **have you**?(당신은 무엇을 가지고 있습니까?)

- 이 경우 주어가 3인칭 단수라면 have는 has가 된다.

(4) She has a doll in her hand.

- 대답에서는 Mary를 대신해서 She(그녀는)라는 대명사를 사용하고 있다. 영어에서는 되도록 같은 단어를 되풀이하지 않는 것이 원칙이다.

✳✳ 영어 명언
Silence is gold. [싸일런스 이즈 고울드.]
침묵은 금이다. ―동양 격언

EXERCISES

다음 빈 칸에 적당한 말을 넣으시오.

1. Have you a glove?
   No, I _____ _____.

2. What _____ you in _____ hand?

3. I have a cap _____ _____ hand.

4. _____ your brother a camera?

5. She _____ an umbrella in _____ hand.

glove

cap

camera

umbrella

[해답]

1. Have you a glove? (당신은 글러브를 가지고 있습니까?)
   No, I have not. (아니오, 나는 가지고 있지 않습니다.)

2. What have you in your hand? (당신은 손 안에 무엇을 가지고 있습니까)

3. I have a cap in my hand. (나는 손에 모자를 가지고 있습니다.)

4. Have your brother a camera? (당신의 남동생은 사진기를 가지고 있습니까?)

5. She has an umbrella in her hand. (그녀는 손에 우산을 가지고 있습니다)

제17과의 주요 단어들

bird [버-(얼)드] 새

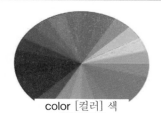

color [컬러] 색

green [그리-인] 녹색

uncle [엉클] 삼촌

flower [플라워] 꽃

pink [핑크] 분홍색

book [북, 북] 책

building [빌딩] 건물

81

Lesson Seventeen

제17과

---

(1) **This is Mary's bird.**
디스 이즈 메어리즈 버-(얼)드

(2) **Poll is a pretty bird.**
폴 이즈 어 프리티 버-(얼)드

(3) **What color is the bird?**
왙 컬러 이즈 더 버-(얼)드

(4) **It is green.**
잍 이즈 그리-인

---

(1) 이것은 메어리의 새입니다.
(2) 폴은 아름다운 새입니다.
(3) 그 새는 무슨 색입니까?
(4) (그것은) 녹색입니다.

[발음과 뜻]

seventeen [쎄븐**틴**] 17
Poll [폴] 폴. 여기서는 새 이름
pretty [프리티] 아름다운
color [**컬**러] 색깔
green [그리-인] 녹색의, 녹색

[읽는 법]

- 어느 경우에나 단숨에 읽는다.
- (1)에서는 Mary's, (2)에서는 Poll과 pretty를 강하게 읽는다.
- (3)은 What color, bird를 분명하게 읽고 끝은 내림조로 한다.
- (4)는 green을 분명하게 읽는다.

[마법해설]

(1) This is Mary's bird.

- Mary's는 Mary의 소유격이다. 명사 앞에 소유격 명사 또는 대명사 my(나의), your(당신의), his(그의), this(이), that(저, 그) 등이 올 때에는 a나 an, the를 붙이지 않는다. 이것은 중요한 점이므로 특히 유의해야 한다.

(3) What color is the bird?

- What color의 What은 제3과의 What flower is this?(이것은 무슨 꽃입니까?)의 What과 같다. What color는 '무슨 색'이란 뜻이다.

(4) It is green.

- 이 green이나 (2)의 pretty bird의 pretty처럼 사물의 성질이나 크기, 빛깔 등을 나타내는 말을 형용사라고 한다.
- 형용사는 명사를 꾸미는 말인데 꾸미는 방식에는 두 가지가 있다.

직접 꾸미는 경우 : 형용사+명사

He is a kind boy. 그는 친절한 소년입니다.(kind[카인드] 친절한)

간접적으로 꾸미는 경우 : 주어+(is, am, are)+형용사

The boy is kind. 그 소년은 친절합니다.

(이때 kind(친절한)는 is, am, are 등과 결합하여 '친절하다'라는 서술어가 된다.)

EXERCISES

1. 다음 글을 읽고 우리말로 번역하시오.

   1. My uncle is a kind man.
   2. What color is the flower?
     It is pink.
   3. He has a new book.
   4. This is a large building.

flower

2. 다음 우리말을 영어로 번역하시오.

   1. 이것은 아름다운 꽃입니다.
   2. 그 상자는 무슨 색입니까?
     (그것은) 흰색입니다.
   3. 그는 행복합니다.
   4. 그녀는 큰 공을 가지고 있습니다.

box

white

[해답]

1.
   1. 나의 삼촌은 친절한 사람입니다.
   2. 그 꽃은 무슨 색입니까? 그것은 분홍색입니다.
   3. 그는 새 책을 가지고 있습니다.
   4. 이것은 큰 건물입니다.

ball

2.
   1. This is a beautiful flower.
   2. What color is the box?
     It is white.
   3. He is happy.
   4. She has a big ball.

제18과의 주요 단어들

school [스쿠-울] 학교

church [처-취] 교회

Sunday [썬데이] 일요일

market [마켓] 시장

bed [베드] 침대

textbook [텍스트북] 교과서

Seoul [서울] 서울

eighteen [에이틴] 18

Lesson Eighteen

제18과

(1) I go to school every day.
아이 고우 투 스쿠-울 에브리 데이

(2) You go to school every day.
유 고우 투 스쿠-울 에브리 데이

(3) My mother goes to church on Sunday.
마이 마더 고우즈 투 처-춰 온 썬데이

(1) 나는 날마다 학교에 갑니다.
(2) 당신은 날마다 학교에 갑니다.
(3) 나의 어머니는 일요일에 교회에 갑니다.

[발음과 뜻]

eighteen [에이틴] 18
go [고우] 가다
to [투] …으로
school [스쿠-울] 학교
every [에브리] 매(每), 모든
day [데이] 일(日), 하루
goes [고우즈] 가다. go와 같다.
church [처-춰] 교회
Sunday [썬데이] 일요일

[읽는 법]

(1) I go to school every day.

(2) You go to school every day.

- 어느 경우나 school 뒤에서 잠깐 쉰다. go, school은 분명하게 읽고 to는 가볍게 읽는다.
- go to school은 이어서 읽고, go to에서 끊으면 안 된다.

(3) My mother goes to church on Sunday.

- church 뒤에서 잠깐 쉰다.
- mother, goes, church, Sunday는 분명하게 읽고, my, to, on은 가볍게 읽는다.

[마법해설]

(1) I go to school every day.

(2) You go to school every day.

- go는 '가다'라는 동작을 나타내는 말이다. 이제까지 배워 온, 존재(이다, 있다)를 나타내는 am, are, is, 소유(가지다)를 나타내는 have, has와 마찬가지로 이것도 동사이다. 일반적으로 동작이나 상태를 나타내는 말을 동사라고 한다.
- 이들 동사 가운데 am, are, is를 be(비) 동사, have, has를 have 동사, 그 이외의 동사(~하다)를 일반동사라고 한다.
- 일반동사의 경우, 주어와 동사의 관계는 다음과 같다.

	주어	동사	뜻
1인칭	I	go.	나는 간다.
2인칭	You	go.	당신은(너는) 간다.
3인칭	He(She)	goes.	그는(그녀는) 간다.

• 주어가 3인칭 단수일 때의 동사의 모양과 1인칭, 2인칭일 때의 모양이 다르다. 이것은 주어가 3인칭 단수일 때에는 동사의 어미에 −s, 또는 −es(동사가 모음으로 끝날 때)를 붙여야 한다는 규칙이 있기 때문이다.

I read a book. 나는 (한 권의) 책을 읽는다.

You read a book. 당신은 (한 권의) 책을 읽는다.

He(She) reads a book. 그는(그녀는) (한 권의) 책을 읽는다.

• school, church가 단순히 건물을 가리키는 것이 아니라 그 자체의 본디 목적을 나타내고 있을 때에는 관사(a, an, the)를 붙이지 않는다.

go to market [고우 투 마켓] 시장에 가다(시장에 장보러 가는 것이므로)

go to bed [고우 투 베드] 자러 가다(침대에 자러 가는 것이므로)

＊만일 시장에 장을 보러 가지 않고 다른 볼 일을 보러 간다면, 관사를 붙여 go to the market이나 go to a market이라고 하면 된다. 마찬가지로 침대에 잠을 자러 가는 것이 아니라, 예를 들어 어떤 물건을 가지러 간다면 go to the bed라고 하면 된다.

• 요일이나 몇 월 며칠 등 날짜 앞에는 on을 놓는다.

on the fourth of July [언 더 포쓰 어브 줄라이] 7월 4일에

EXERCISES

다음 글을 읽고 우리말로 번역하시오.

1. I go to church on Sunday.

2. He reads his textbook every day.

3. We learn English at school.

4. They go to school every day.

5. My brother lives in Seoul.

church

textbook

brother

English

Seoul

[해답]

1. 나는 일요일에 교회에 갑니다.
2. 그는 날마다 교과서를 읽습니다.
3. 우리는 학교에서 영어를 배웁니다.
4. 그들은 날마다 학교에 갑니다.
5. 나의 형은 서울에서 살고 있습니다.

제19과의 주요 단어들

English [잉글리쉬] 영어

French [프렌취] 프랑스어

brother [브라더] 형제

study [스터디] 공부, 공부하다

church [처-취] 교회

school [스쿠-울] 학교

book [북] 책

nineteen [나인틴] 19

Lesson Nineteen

제19과

---

(1) **Do you know English?**
두 유 노우 잉글리쉬

(2) **Yes, I do.**
예스 아이 두

(3) **Does your brother know French?**
더즈 유어 브라더 노우 프렌취

(4) **Yes, he does.**
예스 히 더즈

---

(1) 당신은 영어를 알고 있습니까?
(2) 네, 알고 있습니다.
(3) 당신의 형은 프랑스어를 알고 있습니까?
(4) 네, 알고 있습니다.

[발음과 뜻]

nineteen [나인틴] 19
do [두] 하다. 여기서는 조동사(助動詞. 보조동사)로 쓰여 평서문
을 의문문으로 만드는 역할을 하고 있으며, 문장 첫머리에 온다.
know [노우] 알고 있다.
English [잉글리쉬] 영어
does [더즈] do와 같다.
French [프렌취] 프랑스어

[읽는 법]

(1) Do you know English? ↗
(2) Yes, I do. ↘

- 같은 어조로 단숨에 읽는다. 끝은 올림조.

(3) Does your brother know French? ↗
(4) Yes, he does. ↘

- 같은 어조로 단숨에 읽는다. do, does는 강하게 읽는다.

[마법해설]

- 일반동사의 의문문을 만들기 위해서는 부정문 때와 마찬가지로 do를 사용하며, 일반동사는 인칭에 관계없이 언제나 원형을 사용한다.

긍정문　　**You know English.**
　　　　　당신은 영어를 알고 있습니다.

의문문　　**Do you know English?**
　　　　　당신은 영어를 알고 있습니까?

- Do you ~?의 의문문에 대한 대답은 Yes, I do. 또는 No, I don't가 된다. don't는 do not이 줄어든 말이다.
- 주어가 예문 (3)의 your brother처럼 3인칭 단수일 때에는 does를 사용한다.

긍정문　　**Your brother knows English.**[유어 브라더 노우즈 잉글리쉬.]
　　　　　당신의 형은 영어를 알고 있습니다.

의문문 Does **your brother know English?**[<u>더즈</u> 유어 브라더 노우 잉글리쉬?]

　　　　당신의 형은 영어를 알고 있습니까?

• 긍정문일 때 동사 어미에 붙인 −s, −es는 의문문일 때에는 붙이지 않는다. 그 대신 의문문을 만드는 동사 do에 −es를 붙인다.

긍정문　　　　He studies hard.
　　　　　　그는 열심히 공부한다.

의문문　　Does he study hard?
　　　　　그는 열심히 공부합니까?

• 위에서 He가 3인칭 단수('나'는 1인칭, '당신'은 2인칭, '그·그녀'는 3인칭)이므로 동사 study가 studies로 바뀌었다. 이때 동사 studies가 들어간 문장을 의문문으로 만들려면 'Does+주어+study'로 바꾸면 된다.

＊숫자

10 ten [텐]
20 twenty [트웬티]
30 thirty [써티]
40 forty [포티]
50 fifty [피프티]
60 sixty [씩스티]
70 seventy [쎄븐티]
80 eighty [에이티]
90 ninety [나인티]
100 one hundred [원 헌드레드]

EXERCISES

다음 우리말을 영어로 번역하시오.

   1. 당신은 일요일에 교회에 갑니까?

   2. 우리는 학교에서 영어를 말합니다.
      학교에서 at school

   3. 그는 학교에서 프랑스어를 배웁니까?
      배우다 learn

   4. 그녀는 영어를 모릅니다.

   5. 나의 어머니는 책을 읽습니다.

church

English

French

book

[해답]

   1. Do you go to church on Sunday?

   2. We speak English at school.

   3. Does he learn French at school?

   4. She does not know English.

   5. My mother reads a book.

제20과의 주요 단어들

get up [게럽, 겔 업] 일어나다

go to bed [고우 투 베드] 자다

office [오피스] 사무실

Seoul [서울] 서울

every [에브리] 모든

morning [모닝] 아침

when [웬] 언제

twenty [트웬티] 20

Lesson Twenty

제20과

---

(1) **When do you get up every morning?**
웬 두 유 겔 업 에브리 모닝

(2) **I get up at seven.**
아이 겔 업 앨 쎄븐

(3) **What time does your mother get up**
왈 타임 더즈 유어 마더 겔 업
every morning?
에브리 모닝

(4) **She gets up at six.**
쉬 겔츠 업 앨 씩스

---

(1) 당신은 아침마다 몇 시에 일어납니까?
(2) 나는 7시에 일어납니다.
(3) 당신의 어머니는 아침마다 몇 시에 일어납니까?
(4) 어머니는 6시에 일어납니다.

[발음과 뜻]

twenty [**트웬티**] 20
when [웬] 언제
get up [**게럽, 겥 업**] 일어나다. 두 단어를 이어서 발음한다.
at [앨, 앳] …에

[읽는 법]

(1) When do you get up every morning? ↘

- When은 강하고 분명하게 발음하고 끝은 내림조로 읽는다. get up에서 잠깐 끊는다.

(2) I get up at seven. ↘

- 단숨에 읽는다. seven은 분명하게 발음한다.

(3) What time does your mother get up every morning? ↘

- What과 time을 같은 세기로 읽는다. get up에서 잠깐 끊고 끝은 내림조로 읽는다.

(4) She gets up at six. ↘

- (2)와 같다.

[마법해설]

(1) When do you get up every morning?

- when은 '언제'라는 뜻으로 '때'를 묻는 의문사이므로 문장 맨 앞에 나온다. get up은 일반동사이므로 앞 과에서 배운 의문문의 모양이 된다.

(2) I get up at seven.

- at seven은 '7시에'라는 뜻이다. 시간을 나타낼 때에는 at을 사용한다.

⑶ What time does your mother get up every morning?

⑷ She gets up at six.

- ⑶의 What time은 '몇 시에'라는 뜻으로 When(언제)과 같은 의미로 사용한다.
- ⑶의 주어가 your mother, 즉 3인칭('나'는 1인칭, '너'는 2인칭, '그·그녀·그것·그녀의 어머니···'는 3인칭) 단수이므로 does를 사용했다. 이에 대한 대답은 She gets up으로 동사 get에 −s가 붙었다.

✳✳ 영어 명언

Slow and Steady wins the race.

[슬로우 앤 스테디 윈즈 더 레이스.]

느리고 꾸준한 것이 경주에서 이긴다. −이솝(그리스 우화작가)

(Slow and steady : 느리고 꾸준한 것. win the race : 경주에서 이기다)

EXERCISES

다음 우리글을 영어로 번역하시오.

1. 당신은 몇 시에 잡니까?
   자다 : go to bed

2. 나는 10시에 잡니다.

3. 그는 날마다 어디에 갑니까?

4. 그는 날마다 사무실에 갑니다.
   사무실 : office

5. 그녀는 어디에 살고 있습니까?
   ― 서울에서 살고 있습니다.

go to bed

office

Seoul

[해답]

1. What time(=When) do you go to bed?
2. I go to bed at ten.
3. Where does he go every day?
4. He goes to office every day.
5. Where does she live? ―She lives in Seoul.

제21과의 주요 단어들

stand [스탠드] 서다

read [뤼-드] 읽다

together [투게더] 함께

write [롸이트] 쓰다

blackboard [블랙보드] 칠판

walk [워-크] 걷다

sing [씽] 노래하다

Lesson [레쓴] 수업, ~과

Lesson Twenty-one
제21과

(1) **Stand up, John.**
스탠드 업 존

(2) **Read Lesson Twenty.**
뤼-드 레슨 트웬티

(3) **Don't read so fast.**
돈트 뤼-드 쏘우 패스트

(4) **Let us read the lesson together.**
렐 어쓰 뤼-드 더 레슨 투게더

(1) 존, 일어서라.

(2) 20과를 읽어라.

(3) 그렇게 빨리 읽으면 안 돼.

(4) 다 같이 그 과를 읽읍시다.

[발음과 뜻]

twenty-one [트웬티원] 21. 10단위와 1단위의 수 사이에는 언제나 하이픈[─]을 넣는다.

stand [스탠드] 서다. stand up 일어서다

John [존] 존. 남자 이름

read [뤼-드] 읽다

don't [돈트] …하지 않는다. do not이 줄어든 것

so [쏘우] 그렇게.

fast [패스트] 빨리.

let us [레터쓰, 레더쓰] …합시다. '렡'과 '어쓰'를 따로따로 읽지 말고 '레터쓰' 식으로 이어서 읽는다.

together [투**게**더] 함께.

[읽는 법]

(1) Stand up, John. ↘

- Stand up은 따로따로 읽지 말고 '스탠덥' 하고 이어서 읽는다.

(2) Read Lesson Twenty. ↘

- (1)과 같은 어조로 읽는다.

(3) Don't read so fast. ↘

- Don't read는 강하게 읽는다. so는 가볍게, fast는 힘주어 읽는다.

(4) Let us read the lesson together. ↘

- Let us는 가볍게, read는 강하게, 전체를 단숨에 읽는다.

[마법해설]

(1) Stand up, John.

- 이 문장은 주어가 없이 stand라는 동사로 시작하고 있다.
- 이와 같이 주어가 없이 동사가 문장 맨 앞에 와 있을 때에는 '… 하라'는 뜻을 가진 상대방에 대한 명령이나 의뢰를 나타낸다. 이와 같은 문장을 명령문이라고 한다.

- John은 상대방의 이름이다. 명령문 끝에 사람 이름이 올 때, 상대방의 이름 앞에는 반드시 쉼표(,)를 찍는다.

(2) Read Lesson Twenty.

- (1)과 같은 명령문이다. 명령문 앞이나 뒤에 please라는 말을 붙이면 부탁하는 뜻이 된다.

  Please **open the window.** 창문을 열어 주세요.
  Post this letter, please. 이 편지를 부쳐 주세요.

(3) Don't read so fast.

- 같은 명령문이라 해도 '…해서는 안 된다'라고 금지하는 경우가 있다. 그럴 경우에는 예문처럼 동사 앞에 Don't를 놓는다.

  Don't **go there.** 거기에 가서는 안 됩니다.

- 금지의 뜻이 좀 더 강해져서 '결코 …해서는 안 된다'라고 할 경우에는 Never(결코 …하지 않는다)를 don't 대신에 놓는다.

  Never **go there.** 결코 거기에 가서는 안 됩니다.

(4) Let us read the lesson together.

- 'Let us+동사'의 모양은 '…합시다'라고 상대방에게 권유하는 경우에 사용한다. Let us는 구어에서는 Let's[레츠]라고 줄여서 말하는 것이 일반적이다.

EXERCISES

다음 글을 영어로 번역하시오.

1. Write your name on the blackboard.
   write 쓰다, blackboard 칠판

write

2. Please speak slowly.
   slowly 천천히

3. Don't walk so fast.
   walk 걷다

blackboard

4. Let us sing together.
   sing 노래하다

5. Never go out alone.
   out 밖으로, alone 혼자서

walk

sing

[해답]

1. 칠판에 너의 이름을 써라.
2. 천천히 말해주시오.
3. 그렇게 빨리 걸으면 안 돼.
4. 함께 노래합시다.
5. 결코 혼자 나가서는 안 돼.

제22과의 주요 단어들

playground [플레이그라운드] 운동장

baseball [베이스볼] 야구

piano [피애노우] 피아노

letter [레터] 편지

fire [파이어] 불

market [마켓, 마켙] 시장

tennis [테니스] 테니스

garden [가-든] 정원

Lesson Twenty-two

제22과

(1) **Look at the boys in the playground.**
룩　앨　더　보이즈　인　더　플레이그라운드

(2) **They are playing baseball.**
데이　아　플레잉　베이스볼

(3) **What is Tom doing?**
왈　이즈　톰　두잉

(4) **He is running.**
히　이즈　러닝

He is running.

(1) 운동장에 있는 소년들을 보라.

(2) 그들은 야구를 하고 있습니다.

(3) 톰은 무엇을 하고 있습니까?

(4) 그는 뛰고 있습니다.

[발음과 뜻]

twenty-two [트웬티투] 22

look [룩, 룩] 보다. look at ~ …을 보다

playground [플레이그라운드] 운동장

play [플레이] 놀다 play baseball 야구를 하다

baseball [베이스볼] 야구

do [두] 하다

run [런] 달리다

[읽는 법]

(1) Look at the boys in the playground. ↘

- Look, boys, playground는 강하게 읽는다. Look at는 [루캩]이라고 이어서 읽는다. 전체를 단숨에 읽는다.

(2) They are playing baseball. ↘

- They are는 가볍게, playing의 play는 강하게 읽고 ing를 가볍게 덧붙인다. are playing은 단숨에 읽는다. baseball은 base를 강하게 읽는다.

(3) What is Tom doing? ↘

- What은 강하게, is는 가볍게, Tom은 분명하게 읽고 doing의 do는 강하게 읽고 ing은 가볍게 덧붙인다. 끝은 내림조로 읽는다.

(4) He is running. ↘

- He is는 가볍게, running의 run은 강하게 읽고 ing은 가볍게 덧붙인다. running은 [런닝]이 아니라 [러닝]이라고 읽는다.

[마법해설]

(1) Look at the boys in the playground.

- 이것은 명령문이다.
- the boys in the playground는 '운동장에 있는 소년들'이라는 뜻으로 in the playground는 the boys를 꾸미고 있다. 즉, 명사를 꾸미는 형용사의 역할을 하고 있다.

107

- in the playground와 같은 (두 개 이상의 단어가 묶여 덩어리 표현을 나타내는) 말을 구(句)라고 한다. 구는 전치사+명사(대명사)로 되어 있는 경우가 많다.

(2) They are playing baseball.

- are playing은 처음으로 나온 형식인데 이와 같은 be 동사(am, are, is)+~ing는 어떤 동작이 진행 중임을 나타내고 있다. 예문에서는 are가 현재이므로 현재진행형이라고 하며 '지금 …하고 있다'라고 번역한다.

  She is playing the piano.
  그녀는 지금 피아노를 치고 있습니다.

  I am reading a book.
  나는 지금 책을 읽고 있습니다.

(3) What is Tom doing?

- 진행형의 의문문은 be 동사의 위치를 바꾸면 된다.

  You are writing a letter.
  당신은 편지를 쓰고 있습니다.

  Are you writing a letter?
  당신은 편지를 쓰고 있습니까?

- Are you writing a letter?의 a letter 대신에 what을 넣어 의문문을 만들어 보자. what은 의문사이기 때문에 문장 앞에 놓으면 What are you writing?이 된다.

  Are you writing a letter?
  당신은 편지를 쓰고 있습니까?

What are you writing?
당신은 무엇을 쓰고 있습니까?

(4) He is running.

- 진행형을 부정할 때에는 be 동사(am, are, is) 다음에 not을 넣으면
  된다.

  He is not running.
  그는 뛰고 있지 않습니다.

✱✱ 영어 명언

Love your enemies! [러브 유어 에너미즈!]
(너의) 원수를 사랑하라! ―성경(마태복음)

EXERCISES

다음 글을 우리말로 번역하시오.

1. What are you doing there?
   I am making a fire.

   > make 만들다, fire 불,
   > make a fire 불을 피우다

fire

2. Where is she going?
   She is going to the market.

   > market 시장

market

3. Are they playing baseball or tennis?
   They are playig tennis.

tennis

4. Look up at the sky.
   The stars are twinkling.

   > look up at ~ …을 올려다보다,
   > star 별, twinkle 빛나다

5. What is your father doing?
   He is working in the garden.

   > work 일하다

[해답]

1. 당신은 거기에서 무엇을 하고 있습니까? 나는 불을 피우고 있습니다.
2. 그녀는 어디에 가고 있는 중입니까? 그녀는 시장에 가고 있습니다.
3. 그들은 야구를 하고 있습니까, 그렇지 않으면 테니스를 하고 있습니까?
   그들은 테니스를 하고 있습니다.
4. 하늘을 보시오. 별이 빛나고 있습니다.
5. 당신 아버지는 무엇을 하고 계십니까? 그분(나의 아버지)은 정원에서 일
   을 하고 계십니다.

제23과의 주요 단어들

piano [피애노] 피아노

violin [바이얼린] 바이올린

accordion [아코-디언] 아코디언

sing [씽] 노래하다

bicycle [바이시클] 자전거

skate [스케이트] 스케이트

car [카-] 자동차

drive [드라이브] 운전하다

Lesson Twenty-three

제23과

(1) My sister can play the piano well.
마이 씨스터 캔 플레이 더 피애노 웰

(2) Can you play the violin?
캔 유 플레이 더 바이얼린

(3) No, I cannot. But I can play the accordion.
노우 아이 캔낱 벋 아이 캔 플레이 디 아코디언

(1) 나의 누이동생은 피아노를 잘 칠 수 있습니다.

(2) 당신은 바이올린을 켤 수 있습니까?

(3) 아니요, 나는 할 수 없습니다. 그러나 나는 아코디언을 연주할 수 있습니다.

[발음과 뜻]

twenty-three [트웬티쓰리, 트웨니쓰리] 23
can [캔] 할 수 있다. look at ~ …을 보다
play [플레이] 연주하다 play the piano 피아노를 연주하다
well [웰] 잘
violin [바이얼린] 바이올린
accordion [아코-디언] 손풍금

[읽는 법]

(1) My sister can play the piano well. ↘

- My sister는 높은 어조로, can은 가볍게, play는 강하게, piano는 분명하게, well은 분명하게 다짐하듯이 읽는다.

(2) Can you play the violin? ↗

- play와 violin은 강하고 분명하게, 끝은 올림조로 읽는다.

(3) No, I cannot. But I can play the accordion. ↘

- No는 강하게 읽고, 잠시 끊었다가 cannot에서 숨을 쉰다. But 이하는 단숨에, play와 accordion에 힘을 준다. 모음으로 시작되는 단어 앞에서 the는 [더]가 아니라 [디]라고 발음한다.

[마법해설]

(1) My sister can play the piano well.

- can play에서 can은 play라고 하는 동사('…하다' 또는 '…이다'의 뜻을 가진 말)를 도와서 '…할 수 있다'는 뜻을 나타내며 가능성을 말해주고 있다. 이때 can을 조동사라고 한다.

| I read a book. | 나는 책을 읽습니다. |
| I can read a book. | 나는 책을 읽을 수 있습니다. |

- well은 '잘'이란 뜻으로 play를 꾸미고 있는데 이와 같은 말을 부사(부가적으로 꾸며주는 말. '매우, 잘, 아주…')라고 한다.

She can play the piano.
그녀는 피아노를 연주할 수 있습니다.

She can play the piano well.
그녀는 피아노를 잘 연주할 수 있습니다.

(2) Can you play the violin?

- 조동사를 포함한 문장을 의문문으로 만들 때에는 주어와 동사의 위치를 바꾸기만 하면 된다.

    You can swim. 당신은 헤엄을 칠 수 있습니다.
    Can you swim? 당신은 헤엄을 칠 수 있습니까?

- 부정문으로 만들 때에는 not를 조동사 다음에 놓으면 된다. can과 not은 cannot처럼 이어서 쓸 수 있고, can not처럼 띄어서 쓸 수도 있다. 또는 줄여서 can't처럼 쓸 수도 있다.

    I can　　swim. 나는 헤엄을 칠 수 있습니다.
    I cannot swim. 나는 헤엄을 칠 수 없습니다.
    I can't swim. 나는 헤엄을 칠 수 없습니다.

＊＊ 영어 명언

Life is short, and Art is long. [라이프 이즈 숄트, 앤 아트 이즈 롱.]
인생은 짧고, 예술은 길다. ―히포크라테스(그리스. 의학의 아버지)

EXERCISES

다음 글을 영어로 번역하시오.

1. 당신은 노래를 잘 할 수 있습니까?
   sing 노래하다
   —아닙니다, 할 수 없습니다.

sing

2. 당신 동생은 자전거를 탈 수 있습니까?
   ride 타다
   —네, 탈 수 있습니다.

ride

3. 당신들은 스케이트를 탈 수 있습니까?
   skate 스케이트를 타다
   —네, 탈 수 있습니다.

4. 저의 아버지는 자동차를 운전할 수 있습니다.
   car 자동차, drive 운전하다

5. 그는 영어를 잘 말할 수가 있습니다.

[해답]

1. Can you sing well?
   —No, I cannot.
2. Can your brother ride a bycicle?
   —Yes, he can.
3. Can you skate?
   —Yes, I can.
4. My father can drive a car.
5. He can speak English well.

제24과의 주요 단어들

walk [워-크] 산책, 걷다

concert [컨써트] 콘서트

small [스몰] 작은

strong [스트롱] 강한

call on [코런, 콜언] 방문

skate [스케이트] 스케이트

meet [미-트] 만나다

dark [다-크] 어두운

Lesson Twenty-four

제24과

---

(1) **May I go out for a walk, mother?**
메이 아이 고우 아울 포 어 워-크 마더

(2) **Yes, you may. But you must**
예스 유 메이 벝 유 머스트
come back before dark.
컴 백 비포 다-크

---

(1) 어머니, 산책하러 나가도 돼요?

(2) 응, 그래라. 그러나 어두워지기 전에 돌아와야 한다.

[발음과 뜻]

twenty-four [트웬티포] 24

may [**메**이] …해도 좋다.

go out [고우 아울(아웃)] 나가다. out은 '밖으로'라는 뜻의 부사

for [**포**] …을 위해

walk [워크] 산책, 걷다

but [**벝**] 그러나

must [**머**스트] 반드시 ～하여야 한다

come back [컴**백**] 돌아오다

before [비**포**] …전에

go out for a walk [고우 아울 포 러 워크] 산책 나가다.

dark [**다**-크] 어두운. before dark(before it is dark를 줄인 것) '어두워지기 전에'

117

[읽는 법]

(1) May I go out for a walk, mother? ↗

- May I는 가볍게, go out은 강하게, for a는 가볍게 [포러]라고 이어서 읽는다. walk는 강하게. mother는 상대방을 부르는 말이므로 분명하게 읽는다. 끝은 올림조로 읽는다.

(2) Yes, you may. But you must come back before dark. ↘

- Yes는 분명하고 강하게, you는 가볍게, may에 힘을 준다. but you는 가볍게, must come back home은 분명하게 읽는다. before는 가볍게, dark는 분명하게 읽는다. 끝은 내림조로 읽는다.

[마법해설]

(1) May I go out for a walk, mother?

- may는 조동사로 '…해도 좋다'는 뜻이다. 용법은 can과 같다.

  You may go to the concert.
  당신은 콘서트에 가도 좋습니다.

(2) Yes, you may, but you must come back before dark.

- May I …?의 답은 긍정문의 경우 Yes, you may.이지만, 부정의 경우에는 No, you must not.(…해서는 안 된다)이라고 표현한다.
- But은 앞의 문장 Yes, you may.와 뒤의 문장 you must … dark를 연결하는 접속사로 앞의 문장과 뒤의 문장이 대조를 이루고 있는 경우에 사용한다. 뜻은 '그러나' 또는 '하지만'으로 해석한다.

He is small, but **he is strong.**
그는 작습니다, 그러나 그는 강합니다.

• must도 '반드시 ~해야 한다'는 뜻의 조동사로서 강제 또는 의무를 나타낸다. must의 용법은 can, may와 마찬가지이다.

You must **go there.**   당신은 반드시 거기에 가야 합니다.
Must I do it?   나는 그것을 반드시 해야 합니까?
Yes, you must.   네, 반드시 해야 합니다.

*요일
Sunday [썬데이]   일요일
Monday [먼데이]   월요일
Tuesday [튜즈데이]   화요일
Wednesday [웬즈데이]   수요일
Thursday [떨스데이]   목요일
Friday [프라이데이]   금요일
Saturday [쌔터데이]   토요일

** 영어 명언
The sun also rises. [더 썬 올소우 롸이지즈.]
태양은 다시 떠오른다.

EXERCISES

다음 글을 영어로 번역하시오.

1. 당신은 즉시 그를 방문해야 합니다.

   call on[코런, 콜 언]=방문하다

2. 나는 반드시 거기에 가야 합니까?

3. 당신들은 스케이트를 타야 합니다.

   skate [스케이트] 스케이트를 타다

4. 나는 반드시 그를 만나야 합니까?

   meet [미-트, 밑] 만나다

call on

skate

meet

[해답]

1. You must call on him at once.
2. Must I go there?
3. You must skate.
4. Must I meet him?

제25과의 주요 단어들

building [빌딩] 건물

flower [플라워] 꽃

doll [도-올] 인형

father [파-더] 아버지

gentleman [젠틀먼] 신사

girls [거-얼스] 소녀들

running [러닝] 뛰는

high [하이] 높은

121

Lesson Twenty-five
제25과

---

(1) **What a high building this is!**
　　왈　　어　하이　　빌딩　　디쓰　이즈

(2) **How high this building is!**
　　하우　하이　디쓰　빌딩　　이즈

---

(1) 이것은 얼마나 높은 건물인가!
(2) 이 건물은 얼마나 높은가!

[발음과 뜻]

twenty-five [트웬티파이브] 25
high [하이] 높은
building [빌딩] 건물

[읽는 법]

(1) What a high building this is! ↘

• 감탄문이다. 내림조로 읽는다.

[마법해설]

(2) How high this building is! ↘

• 이 또한 감탄문이므로 내림조로 읽는다.

- 감탄문이 되면 다음과 같이 어순이 달라진다.

  (a) **This is /** a very high building.　이것은 아주 높은 건물입니다.
  (b) What a high building **/ this is!**　이것은 얼마나 높은 건물인가!

- 서술문 (a)와 감탄문 (b)를 비교할 때 (b)는 전체적으로 보아 (a) 의 전반과 후반의 순서가 바뀐 문장임을 알 수 있다.
- What은 여기에서 '얼마나'라는 뜻으로 의문의 뜻은 없지만 언제 나 문장 맨앞에 온다. 이 What을 감탄사라 하고 문장 끝에는 감 탄 부호(!)를 붙인다. 이때 말의 순서는 다음과 같이 된다.

<u>What a+형용사+명사+주어+동사!</u>

What a pretty flower **this is!**　이 꽃은 얼마나 예쁜가!

- what 다음에 복수 명사가 오면 a는 붙이지 않는다.

What pretty flowers **they are!**　이 꽃들은 얼마나 예쁜가!

- How는 '어떻게'라는 뜻이지만 감탄사로도 쓸 수가 있다. 이때 말의 순서는 다음과 같이 된다.

<u>How+형용사(또는 부사)+주어+동사!</u>

How pretty **this flower is!**　이 꽃은 얼마나 예쁜가!

* What a high bulding! How high! What a pretty flower! How pretty! 처럼 뒷부분의 주어와 동사를 생략할 수도 있다.

EXERCISES

다음 글을 감탄문으로 바꾸시오.

1. I am very happy.
   happy[해피] 행복한

2. This is a very pretty doll.
   doll[돌] 인형

doll

3. Your father is a very fine gentleman.
   fine [파인] 훌륭한, gentleman [젠틀맨] 신사.

4. They are very good girls.

5. He is running very fast.

gentleman

run

[해답]

1. How happy I am!
   나는 얼마나 행복한가!

2. What a pretty doll this is!
   이 인형은 얼마나 예쁜가!

3. What a fine gentleman your father is!
   당신 아버지는 얼마나 훌륭한 신사인가!

4. What good girls they are!
   그들은(그녀들은) 얼마나 좋은 소녀들인가!

5. How fast he is running!
   그는 얼마나 빨리 달리고 있는가!

father

제26과의 주요 단어들

watch [워치] 손목시계

month [먼쓰] 달

thursday [떨스데이] 목요일

October [옥토우버] 10월

train [트레인, 츄레인] 열차

twenty-six [트웬티씩스] 26

day [데이] 날, 낮, 하루

tenth [텐쓰] 열 번째

Lesson Twenty-six
제26과

---

(1) **What time is it now?**
왈 타임 이즈 잍 나우

(2) **It is just nine by my watch.**
잍 이즈 저스트 나인 바이 마이 워치

(3) **What day of the month is it today?**
왈 데이 오브 더 먼쓰 이즈 잍 투데이

(4) **It is the tenth of October.**
잍 이즈 더 텐쓰 오브 옥토우버

---

(1) 지금 몇 시입니까?
(2) 내 시계로 정각 9시입니다.
(3) 오늘은 몇 월 며칠인가요?
(4) 오늘은 10월 10일입니다.

[발음과 뜻]

twenty-six [트웬티**씩스**] 26
time [**타임**] 시, 시간
now [**나우**] 지금
just [**저스트**] 정확히
by [**바이**] …으로
day [**데이**] 날, 낮, 하루
month [**먼쓰**] 달

today [투데이] 오늘
tenth [**텐**쓰] 열 번째
October [옥**토우**버] 10월

[읽는 법]

(1) What time is it now? ↘

- 단숨에 읽는다. 끝은 내림조.

(2) It is just nine by my watch. ↘

- It is는 [이티즈 또는 이디즈]로 이어서 읽는다. nine에서 잠깐 끊고 by my watch를 한 덩어리로 읽는다.

(3) What day of the month is it today? ↘

- day, month, it, today에 힘을 주어 강하게 읽고 끝은 내림조로 읽는다. What day of the month is it까지 단숨에 읽고 여기에 today를 첨가하는 기분으로 다짐하듯이 읽는다.

(4) What day of the month is it today? ↘

- It is는 가볍게, tenth와 October는 강하게 읽는다. 끝은 내림조.

[마법해설]

(1) What time is it now?

- 이 예문의 it은 '그것은'이라는 뜻이 아니라 시간을 나타낼 때 쓰는 말이다. 이럴 때 it을 주어로 하지만 이때 it에는 뜻이 없다. '그것은'이라고 해석해서는 안 된다.

(2) It is just nine by my watch.

- (1)에 대한 대답이다. nine은 nine o'clock의 o'clock(…시)을 생략한 것이다.
- 30분까지는 '…분 지났다'는 뜻으로 past[패스트]를 사용하고 30분이 지나면 '…분 전이다'는 뜻으로 to를 사용한다.
- '…시 30분'은 half [해프, 하프] past로 나타낸다.
- '15분'은, fifteen minutes [피프틴 **미닡츠**], 또는 a quarter [어 **쿼터**] 라고도 한다.

It is ten minutes past two.
(= It is two ten.)
2시 10분입니다.

It is half past three.
(=It is two three thirty.) (* thirty [써티] : 30)
3시 30분입니다.

It is a quarter to four.
(=It is three forty-five.) (* forty-five [포티-파이브] : 45)
4시 15분 전입니다.(3시 45분입니다.)

- 시간을 나타날 때 다음과 같은 간단한 방법도 있다. 열차의 시간표 등은 이것을 사용한다.

5시 15분—5.15—five fifteen [**파이브** 피프틴]
2시 30분발 열차—the 2.30 train [더 투 **써티** 트레인]

(3) What day of the month is it today?

- 이 예문은 '몇 월 며칠'을 묻는 말인데 이때도 it을 사용한다.

- 만일 What day of the week…처럼 the week(주)라는 단어가 들어가면, '한 주의 어느 날' 즉 '요일'을 묻는 문장이 된다.

What day of the week is it today?
오늘은 무슨 요일입니까?

It is Tuesday today.
오늘은 화요일입니다.

(4) It is the tenth of October.

- (3)에 대한 대답이다. '…월 …일'의 '…일'은 서수(순서를 나타내는 수. first(첫 번째), second(두 번째), third(세 번째)를 제외한 나머지 수들은 …th를 붙인다) 앞에 the를 붙여서 나타낸다.

It is the fourth of October
오늘은 10월 4일입니다.

*숫자

40 forty [포티]
41 forty-one [포티—원]
42 forty-two [포티—투]
43 forty-three [포티—쓰리]
44 forty-four [포티—포]
45 forty-five [포티—파이브]
46 forty-six [포티—씩스]
47 forty-seven [포티—쎄븐]
48 forty-eight [포티—에잍]
49 forty-nine [포티—나인]

EXERCISES

다음 그림을 보고 시간을 영어로 말하시오.

1
2
3

4
5
6

[해답]

1. It is ten o'clock.
2. It is twenty minutes past twelve (o'clock). 또는 It is 12 : 20.
3. It is half past three (o'clock). 또는 It is 3 : 30.
4. It is half to three (o'clock). 또는 It is 2 : 30.
5. It is five minutes past six (o'clock). 또는 It is 6 : 05.
6. It is a quarter past ten (o'clock). 또는 It is 10 : 15.

* 위의 5번 문장 ' It is 6 : 05.'에서 6 : 05는 [씩스 오우 파이브] 또는 [씩스 지로우 파이브]라고 읽는다.

제27과의 주요 단어들

building [빌딩] 건물

meter [미터] 미터

lake [레이크] 호수

Mt. Baekdu [마운틴 백두] 백두산

the Han river [더 한 리버] 한강

how [하우] 얼마나, 어떻게

old [오울드] 나이가 ...인, 늙은

forty [포티] 40

Lesson Twenty-seven
제27과

---

(1) **How old are you?**
하우 올드 아 유

(2) **I am forty years old.**
아이 앰 포티 이어즈 올드

(3) **How high is that building?**
하우 하이 이즈 댙 빌딩

(4) **It is about twenty meters high.**
잍 이즈 어바울 트웬티 미터즈 하이

---

(1) 당신은 몇 살입니까?
(2) 나는 마흔 살입니다.
(3) 저 건물의 높이는 얼마나 됩니까?
(4) 약 20미터입니다.

[발음과 뜻]

twenty-seven [트웬티쎄븐] 27
forty [포티] 40
years [이어즈] 해〔年〕 또는 나이를 뜻하는 year[이어]의 복수
about [어바울] 약
meters [미터즈] 길이(또는 높이)를 헤아리는 단위인 meter(미터)
의 복수

[읽는 법]

(1) How old are you? ↘

- How old와 you를 강하게 힘주어 읽는다. are는 가볍게 읽는다. 끝은 내림조.

(2) I am forty years old. ↘

- I am은 가볍게, forty는 분명하고 강하게, years는 가볍게, old는 분명하게 읽는다.
- (3)과 (4)는 (1)과 (2)와 같은 방법으로 읽는다.

[마법해설]

(1) How old are you?

- 이것은 다음과 같은 순서로 생각하면 좋다.

(2) I am forty years old.

- years old를 빼고서 I am forty.라고 해도 좋지만, old만을 빼고서 I am forty years.라고 하면 안 된다.

  How old is your brother? 당신 동생(형)의 나이는 몇 살입니까?
  He is fifteen years old. (그는) 열다섯 살입니다.

(3) How high is that building?

- How high ~?는 사물의 높이를 물을 때에 쓰는 말이다. (3)은 old 대신에 high를 썼다.

133

• 다음 문장을 비교하여 그 차이점에 주의한다.

(a) **How high** that building is!
저 건물은 얼마나 높은가!

(b) **How high** is that building?
저 건물의 높이는 얼마나 됩니까?

• (a)는 감탄문이고 (b)는 의문문이다. 주어와 동사의 위치에 주의한다.

** 영어 명언

Tomorrow is another day. [투모로우 이즈 어나덜 데이.]
내일은 또 다른 하루이다(내일은 내일의 태양이 뜬다).

EXERCISES

다음 영문을 우리말로 번역하시오.

1. How old is your mother?
   —She is fifty years old.

2. How deep is this lake?
   —It is twenty meters deep.

lake

3. How tall are you?
   —I am five feet three inches tall.

4. Mt. Baekdu is about two thousand seven hundred and forty-four meters high.

Mt. Baekdu

5. The Han river is about five hunded and fourteen kilometers long.

the Han river

[해답]

1. 당신의 어머니는 연세가 몇입니까?.
   —(그녀는) 50세입니다.
2. 이 호수는 깊이가 얼마나 됩니까?
   —20미터입니다.
3. 당신은 키가 얼마나 됩니까?
   —(나는) 5피트 3인치(161센티미터)입니다.
4. 백두산은 높이가 약 2,744미터입니다.
5. 한강은 길이가 약 514킬로미터입니다.

제28과의 주요 단어들

tall [톨] 키가 큰

taller [톨러] 더 큰

tallest [톨리스트] 가장 키 큰

class [클래스] 학급

Mt. Halla [마운튼 할라] 한라산

season [시즌] 계절

city [시티] 도시

twenty-eight [트웬티에이트] 28

Lesson Twenty-eight
제28과

---

(1) **He is tall.**
　히　이즈　톨

(2) **He is taller than I.**
　히　이즈　톨러　댄　아이

(3) **He is the tallest boy in our class.**
　히　이즈　더　톨리스트　보이　인　아워　클래스

---

(1) 그는 키가 큽니다.
(2) 그는 나보다 키가 큽니다.
(3) 그는 우리 학급에서 가장 키가 큰 소년입니다.

[발음과 뜻]

twenty-eight [트웬티**에이트**] 28
taller [**톨**러] 더 큰. tall(키가 큰)의 비교급
than [댄] …보다도
tallest [**톨**리스트] 가장 키가 큰. tall(키가 큰)의 최상급

[읽는 법]

(1) He is tall. ＼

• 주의해야 할 것은 별로 없다. 단숨에 읽는다.

(2) He is taller than I. ↘

- 단숨에 읽되 taller와 I를 강하게 읽는다. than I는 따로따로 읽지 않고 [대나이]하는 식으로 이어서 읽는다.

(3) He is the tallest boy in our class. ↘

- He is ~ boy까지 단숨에 읽는다. tallest와 boy에 강하게 힘을 주어 읽는다. in our class는 [이나워클래스] 하는 식으로 이어서 읽는다. 끝은 내림조.

[마법해설]

(1) He is tall.

- '그는 키가 크다.'를 영어로 표현할 때 He tall로는 문장이 되지 않는다. 반드시 be 동사(am. are, is)를 사용해서 He is tall.이라고 해야 한다.
- 다시 말해 tall은 '키가 큰'이라는 형용사(사물의 성질·모양을 나타내는 말. 우리말 뜻이 '...한'과 같이 '니은'으로 끝난다)이므로, '키가 크다'라는 뜻이 되려면 그 앞에 am. are, is 등이 와야 한다.

Hes tall (그는 키가 큰.)
He is tall. (그는 키가 크다.)

(2) He is taller than I.

- 다음 우리말과 영어를 비교해 보자.

  (a) 그는 키가 큽니다.   – He is tall.
  (b) 그는 나보다 키가 큽니다.   – He is taller than I.

- 우리말의 경우 (a)와 (b)는 모두 '키가 크다'로 같지만 영어의 경우 (a)와 (b)는 모양이 서로 다르다.
- (a)의 경우 사용하는 형용사 tall의 모양을 원급이라고 한다. (b)의 경우 사용하는 형용사 taller의 모양을 비교급이라고 한다.
- than은 '…보다'라는 뜻의 접속사이다.

(3) He is the tallest boy in our class.

- tallest는 세 사람 이상을 비교해서 그중에서 '가장 키가 큰'이라는 뜻으로 쓰이는 형용사의 모양으로 이것을 최상급이라고 한다.
- '가장 …한'의 경우 최상급 앞에서는 정관사 the를 붙인다.
- 최상급 뒤의 in은 of로도 쓸 수가 있다.

** 영어 명언

Better late than never. [베러 레이트 댄 네버.]
아예 하지 않는 것보다는 늦더라도 하는 게 낫다.
(*better : 더 나은 *late : 늦은 *never : 결코 ~아니다)

EXERCISES

다음 영문을 우리말로 해석하시오.

1. Mt. Baekdu is higher than Mt. Halla.

2. What is the highest building in Seoul?

3. Summer is the hottest of the four seasons.

4. Is he younger than you?
   —Yes, he is.

5. New York is the largest city in the world.

Mt. Halla

city

[해답]

1. 백두산은 한라산보다 높습니다.
2. 서울에서 가장 높은 건물은 무엇입니까?
3. 여름은 사계절 중에서 가장 덥습니다.
4. 그는 당신보다 나이가 젊습니까?
   —네, 그렇습니다.
5. 뉴욕은 세계에서 가장 큰 도시입니다.

제29과의 주요 단어들

apples [애플스] 사과들

oranges [오린지스, 오렌지스] 오렌지들

class [클래스] 학급

tea [티-] 차

coffee [커-피] 커피

gold [고울드] 금

silver [실버] 은

piano [피애노] 피아노

Lesson Twenty-nine
제29과

---

(1) **Which is taller, Tom or John?**
위치   이즈 톨러   톰   오어   존

(2) **Tom is.**
톰   이즈

(3) **Which do you like better, apples or oranges?**
위치   두 유   라이크 베터   애플스   오어 오린지스

(4) **I like oranges better.**
아이 라이크 오린지스   베터

---

(1) 톰과 존 가운데 어느 쪽이 키가 더 큽니까?
(2) 톰입니다.
(3) 당신은 사과와 오렌지 가운데 어느 것을 더 좋아합니까?
(4) 나는 오렌지를 더 좋아합니다.

[발음과 뜻]

twenty-nine [트웬티나인] 29
which [위치] 어느 쪽
better [베터] …더 잘. well[웰](잘)의 비교급
or [오어] 또는, 아니면

[읽는 법]

(1) Which is taller, Tom ↗ or John? ↘

- Which is taller,까지 말하고서 잠깐 숨을 쉰다. 이때 taller에서 어조를 내린다. Tom은 올림조로, or John은 내림조로 읽는다.

(2) Tom is. ↘

- Tom은 다짐하는 기분으로 분명하게 읽는다.

(3) Which do you like better, apples ↗ or oranges? ↘

- 요령은 (1)과 같다. Which, like, better를 분명하게 읽는다. better에서 어조를 내리고 apples는 올림조, or oranges는 내림조로 읽는다.

(4) I like oranges better. ↘

- I like는 가볍게, oranges는 분명하게, better는 가볍게 첨가한다. 끝은 내림조로 읽는다.

[마법해설]

(1) Which is taller, Tom or John?

- Which is+비교급, A or B? 형식의 문형으로서, 제시된 두 가지 가운데 한 쪽을 고르는 뜻을 나타내는 문장에서 사용된다.

Which is larger, the sun or the moon?
해와 달 가운데 어느 것이 더 큽니까?

⑵ Tom is.

• ⑴에 대한 대답이다. Tom is taller than John.(톰이 존보다 더 (키가) 큽니다.)을 줄인 것이다.

⑶ Which do you like better, apples or oranges?

• 이것은 'A와 B 중 어느 쪽을 더 좋아하는가'를 상대방에게 묻는 형식이다.

Which do you like better, baseball or tennils?
당신은 야구와 테니스 중 어느 것을 더 좋아합니까?

⑷ I like oranges better.

• 이것은 ⑶에 대한 대답으로 I like oranges better than apples.의 than 이하를 생략한 것이다. 그러나 better는 생략하면 안 된다. 이 better는 well(잘, 솜씨 있게)이라는 부사의 비교급이다.

EXERCISES

다음 우리말을 영어로 번역하시오.

1. 서울과 부산은 어느 쪽이 더 큽니까?
   — 서울이 더 큽니다.

2. 이 학급에서 누가 가장 키가 큽니까?
   —김 군입니다.

class

3. 당신은 홍차와 커피 중 어느 쪽을 더 좋아
   합니까?
   —커피를 더 좋아합니다.

tea

4. 금과 은 중에서 어느 쪽이 무겁습니까?
   —금입니다.

5. 그녀는 학급에서 피아노를 가장 잘 연주할 수 있습니다.

[해답]

1. Which is larger, Seoul or Pusan?
   —Seoul is.
2. Who is the tallest boy in this class?
   —Mr. Kim is.
3. Which do you like better, tea or coffee?
   —I like coffee better.
4. Which is heavier, gold or silver?
   —Gold is.
5. She can play the piano best in her class.

coffee

silver

제30과의 주요 단어들

tennis [테니스] 정구

friend [프렌드] 친구

baseball [베이스볼] 야구

happy [해피] 행복한

novel [노블] 소설

song [쏭] 노래

tired [타이어드] 피곤한

thirty [써티] 30

Lesson Thirty
제30과

---

(1) I **played** **tennis** **with** **my** **friends**
아이 플레이드　테니스　위드　마이　프렌즈
yesterday.
예스터데이

(2) I **was** **rather** **tired,** **but** I **had** **a**
아이 워즈　라더　타이어드　벝　아이 해드　어
very **good** **time.**
베리　굳(굿)　타임

---

(1) 나는 어제 나의 친구와 테니스를 쳤습니다.
(2) 나는 꽤 피곤했지만 아주 즐겁게 시간을 보냈습니다.

[발음과 뜻]

thirty [**써티**] 30
played [**플레이드**] 놀았다. play[플레이](놀다)의 과거형
with [**위드**] …와 함께
friends [**프렌즈**] 친구들. friend[프렌드](친구)의 복수
yesterday [**예**스터데이] 어제
was [**워즈**] …였다. am, is[이즈]의 과거형
rather [**라더, 래더**] 꽤, 오히려
tired [**타**이어드] 피곤한
had [**해드**] 가졌다. have[해브], has[해즈]의 과거형
time [**타임**] 시간. have a good time 즐거운 시간을 보내다

[읽는 법]

(1) I played tennis with my friends yesterday. ↘

- played, tennis, friends, yesterday에 힘을 주어 강하게 읽는다. I played tennis에서 잠깐 숨을 쉬고 with my friends는 한 덩어리로 읽고 yesterday는 다짐하듯이 분명하게 읽는다. 끝은 내림조로 읽는다.

(2) I was rather tired, but I had a very good time. ↘

- rather, tired에 힘을 주고, I was … tired 까지는 단숨에 읽고 잠시 숨을 쉰다. but에서부터 끝까지는 단숨에 읽되 had, very, good, time에 힘을 주어 강하게 읽는다.

[마법해설]

(1) I played tennis with my friends yesterday.

- played는 play의 과거형이다. 영어에서는 과거의 동작이나 상태를 나타낼 때에는 현재의 모양과 다른 동사를 사용한다. 이와 같이 동사 뒤에 ed를 붙여서 과거형이 되는 동사를 규칙동사라고 한다.

(2) I was rather tired, but I had a very good time.

- was는 am의, had는 have(또는 has)의 과거형인데 (1)의 played 와는 달리 ed를 붙여서 과거형을 만드는 것이 아니라 모양이 완전히 달라진다. 이와 같이 ed를 붙이지 않고 과거형을 만드는 동사를 불규칙동사라고 한다. 불규칙동사 안에서도 일정한 규칙이 나타나므로, 그러한 변화의 유형들을 기억해두면 된다. (예를 들면 come−came, become−became은 같은 유형 변화를 한다.)

EXERCISES

다음 우리말을 영어로 번역하시오.

1. 우리는 어제 야구를 했습니다.
   야구를 했다 played baseball

2. 그는 아주 행복했습니다.
   행복했다 was happy

3. 나의 아버지는 많은 소설을 썼습니다.
   많은 소설을 썼다 wrote many novels

4. 그녀는 노래를 잘 부를 수 있었습니다.
   부를 수 있었다 could sing

5. 나는 바로 그것을 해야 했습니다.
   그것을 해야 했다 had to do it, 바로 at once

baseball

happy

novel

song

[해답]

1. We played baseball yesterday.

2. He was very happy.

3. My father wrote many novels.(＊wrote : write[라이트](쓰다)의 과거)

4. She could sing well.(＊could[쿠드] : can[캔](~할 수 있다)의 과거형)

5. I had to do it at once.(＊had to~[해드 투~] : have to~[해브 투~](~해야 한다)의 과거형)

149

제31과의 주요 단어들

Sunday [썬데이] 일요일

zoo [주-] 동물원

brother [브라더] 형제

animals[애니멀즈] 동물들

meet [미-트] 만나다

home [호움] 가정

breakfast [브렉퍼스트] 아침밥

walk [워크] 산책

Lesson Thirty-one
제31과

(1) **Where did you go last Sunday?**
웨어 　디드 　유 　고우 　라스트 　썬데이

(2) **I went to the zoo with my brother.**
아이 웬트 　투 　더 　주- 　위드 　마이 　브라더

(3) **What did you see there?**
왈 　디드 　유 　씨- 　데어

(4) **We saw a lot of animals.**
위 　쏘- 　어 　랕 　오브 　애니멀즈

(1) 당신은 지난 일요일에 어디 갔습니까?
(2) 내 남동생(형)과 함께 동물원에 갔습니다.
(3) 당신들은 거기에서 무엇을 보았습니까?
(4) 우리들은 많은 동물들을 보았습니다.

[발음과 뜻]

thirty-one [**써티원**] 31
did [**디**드] do의 과거형. 여기에서는 뜻은 없고 과거 의문문을
만드는 조동사로 쓰이고 있다.
last [**라스트, 래스트**] 일전의, 지난번의
went [**웬트**] 갔다. go[고우](가다)의 과거형
zoo [**주-**] 동물원
with [**위드**] …와 함께, …을 가지고

saw [쏘−] 보았다. see[씨−](보다)의 과거.

lot [랕, 랏] 많음. a lot of [어 랕 어브]~ 많은 ~.

animals [**애**니멀즈] 동물. animal[애니멀](동물)의 복수.

[읽는 법]

(1) Where did you go last Sunday? ↘

- Where, go, last, Sunday에 힘을 주어 읽는다. 끝은 내림조로 읽는다.

(2) I went to the zoo with my brother. ↘

- went, zoo, brother에 힘을 주어 읽는다. zoo에서 잠시 숨을 쉰다. with my brother는 한 덩어리로 읽는다.

(3) What did you see there? ↘

- (1)과 같은 요령으로 읽는다. What, see, there에 힘을 주어 읽는다. 끝은 내림조로 읽는다.

(4) We saw a lot of animals. ↘

- saw, lot, animals에 힘을 주어 읽는다.

[마법해설]

(1) Where did you go last Sunday?

- 일반동사(뜻이 '~하다'(공부하다, 노래하다, 놀다, 먹다……)인 동사)를 사용한 과거 의문문이다.

현재	Do I(you) speak English? 나는(당신은) 영어를 말합니까? Does he speak English? 그는 영어를 말합니까?
과거	Did I(you) speak English? 나는(당신은) 영어를 말했습니까? Did he speak English? 그는 영어를 말했습니까?

• 현재일 때 주어가 3인칭 단수라면 Do는 Does가 되지만 과거일 때에는 주어가 3인칭 단수라도 Did를 사용한다. 단, Did+주어 다음에는 반드시 동사의 원형이 온다.

Did you went to Seoul? (×)
Did you go to Seoul? (○)

(2) I went to the zoo with my brother.

• (1)에 대한 대답이다. 동사는 did go가 아니라 go의 과거형 went 를 사용한다. (*단, 동사의 의미를 강조할 때에는 did go라고 쓸 수 도 있다.)

• 의문사를 사용하지 않은 일반동사의 과거형 의문문에 대한 대답은 다음과 같다.

Did you read the book?	당신은 그 책을 읽었습니까?
Yes, I did.	네, (나는) 읽었습니다.
No, I did not.	아니오, (나는) 읽지 않았습니다.

EXERCISES

다음 우리말을 영어로 바뀌시오.

1. 당신은 열심히 일을 했습니까?
   열심히 hard, 일하다 work

2. 당신은 어제 누구를 만났습니까?
   누구를 whom, 만나다 meet[밑]

   ―나는 김군을 만났습니다.
   만났다 met[멭]

meet

3. 당신 아버지는 언제 집에 오셨습니까?
   집으로 돌아오다 come back home

home

4. 당신은 아침 식사 전에 무엇을 했습니까?
   아침 식사 전에 before breakfast

   ―나는 개를 데리고 산책했습니다.
   take a walk 산책하다,
   took[투크]는 take[테이크]의 과거

breakfast

walk

[해답]

1. Did you work hard?
2. Whom did you meet yesterday?
   ―I met Mr. Kim.
3. When did your father come back home?
4. What did you do before breakfast?
   ―I took a walk with my dog.

제32과의 주요 단어들

March [마-취] 3월

America [어메리카] 미국

father [파더] 아버지

Busan [부산] 부산

winter [윈터] 겨울

picnic [피크닉] 소풍

Sunday [썬데이] 일요일

start [스타-트] 출발하다

Lesson Thirty-two

제32과

---

(1) **I shall be fifteen years old next March.**
아이 샐 비 피프틴 이어즈 올드 넥스트 마-취

(2) **You will soon get well.**
유 윌 쑤-운 겔 웰

(3) **My father will start for America next week.**
마이 파더 윌 스타-트 포 어메리카 넥스트 윅(위크)

---

(1) 나는 다음 3월에 15살이 됩니다.

(2) 당신은 곧 좋아질 것입니다.

(3) 나의 아버지는 다음 주에 미국으로 출발합니다.

[발음과 뜻]

thirty-two [써티투] 32

shall [샐] ~일 것이다

will [윌] ~일 것이다

soon [쑤-운] 곧

get [겔] 되다

well [웰] 좋은, 건강한

start [스타-트] 출발하다

for [포] …을 향해서

[읽는 법]

(1) I shall be fifteen years old next March. ↘

- I shall은 가볍게, be, fifteen, old는 힘을 주어 읽되 old에서 잠깐 숨을 쉰다. next March는 한 덩어리로 분명하게 읽는다. 끝은 내림조.

(2) You will soon get well. ↘

- You will은 가볍게, soon, get, well은 분명하게, 전체를 단숨에 읽는다.

(3) My father will start for America next week. ↘

- father, start, America, next, week에 힘을 주어 읽는다. 끝은 내림조로 읽는다.

[마법해설]

(1) I shall be fifteen years old next March.

- (a) I am **fifteen years old.**
  나는 15살입니다.

- (b) I shall be **fifteen years old next March.**
  나는 다음 3월에 15살이 됩니다.

- (a)는 현재 15살임을 나타내고 있는데 (b)는 next March (다음 3월)이라는 것으로 볼 때 미래의 일을 나타내고 있다.
- 영어에서는 앞으로의 일, 즉 미래를 나타낼 때에는 미래형을 사용한다.

- 미래형은 shall(또는 will)+동사의 원형으로 나타낸다.
- 미래에는 시간이 지나면 자연히 이루어지는 미래의 일에 대해서 말하는 경우인 단순미래와 '...할 작정이다'라고 의지를 포함해서 말하는 의지미래가 있다.

단순미래   I shall + **동사의 원형**

I shall go to my house.
나는 (시간이 지나면) 집으로 갈 것입니다.

You will + **동사의 원형**

You will go to your house.
당신은 (시간이 지나면) 당신 집으로 갈 것입니다.

He(She) will + **동사의 원형**

He will go to his house.
그는 (시간이 지나면) 그의 집으로 갈 것입니다.

위의 세 문장은 단순미래로, '시간이 지나면 자연스럽게 집에 가게 될 것'이라는 뜻이다.

의지미래   I will + **동사의 원형**

I will go to my house.
나는 나의 집으로 가겠습니다.

You shall + **동사의 원형**

You shall go to your house.
당신은 당신 집으로 가야 합니다.

He(She) shall + **동사의 원형**

He shall go to his house.
그는 그의 집으로 가야 합니다.

위의 세 문장은 의지미래로, 말하는 사람의 의지를 담고 있다.

(2) You will soon get well.

- You will은 단순미래라는 것을 알 수가 있다. 시간이 지나면, 여기에서는 곧 건강이 좋아질 것이라는 뜻을 나타내고 있다.
- soon은 때를 나타내는 부사로 '조동사'와 '동사의 원형(시제와 수에 따라 변화하기 이전의, 동사의 본디 형태)' 사이에 놓는다.

(3) My father will start for America next week.

- My father will도 단순미래이다. 시간이 지나면 예정에 따라 아버지가 미국으로 간다는 것을 말하고 있다.
- 그러나 일상 대화에서는 Shall we dance?(우리 춤출까요?)처럼 상대에게 '권유'의 뜻으로 물어볼 때 말고는, 주로 will(~할 것이다)이 들어간 미래의 뜻을 많이 사용한다.

예) Will you go there? (당신은 거기에 갈 건가요?)

    −Yes, I will. (네, 나는 갈 거에요.)

✳✳ 영어 명언

I came, I saw, I conquered. [아이 케임, 아이 쏘, 아이 컨퀄드.]
왔노라, 보았노라, 이겼노라. −줄리어스 시저(로마)

EXERCISES

다음 영문을 우리말로 번역하시오.

1. My father will get to Busan tomorrow morning.
   get to[겟 투] 도착하다, tomorrow morning[투마로우 모닝] 내일 아침

2. Winter will soon come.
   winter[윈터] 겨울, come[컴] 오다

winter

3. I shall go on a picnic next Sunday.
   go on a picnic[고우 언 어 피크닉] 소풍가다

afternoon

4. You shall be at home this afternoon.
   afternoon[애프터눈] 오후

5. Your father will come back tomorrow.

[해답]

father

1. 나의 아버지는 내일 아침 부산에 도착할 것입니다.
2. 겨울이 곧 올 것입니다.
3. 나는 다음 일요일에 소풍 갈 것입니다.
4. 당신은 오늘 오후에 집에 있어야 합니다.
5. 당신 아버지는 내일 돌아올 것입니다.

picnic

제33과의 주요 단어들

book [북] 책

window [윈도우] 창문

rain [레인] 비, 비가 오다

shine [샤인] 빛나다

post [포우스트] 편지를 부치다

aunt [앤트] 이모, 고모, 숙모, 아주머니

alone [얼로운] 혼자서

thirty-three [써티쓰리] 33

Lesson Thirty-three
제33과

---

(1) I will do my best.
　　아이 윌 　두 　마이 　베스트

(2) You shall have this book.
　　유 　샐 　해브 　디스 　북

(3) Shall I open the window?
　　샐 　아이 오우픈 　더 　윈도우

---

(1) 나는 최선을 다할 것입니다.

(2) 나는 당신에게 이 책을 드릴 것입니다.(당신은 이 책을 갖게 될 거에요.)

(3) (내가) 창문을 열까요?

[발음과 뜻]

thirty-three [**써티쓰리**] 33

best [**베스트**] 최선. do my best 나의 최선을 다하다.

[읽는 법]

(1) I will do my best. ↘

- do, best에 힘을 주어 읽는다. 끝은 내림조로 읽는다.

(2) You shall have this book. ↘

- have, this book에 힘을 주어 읽는다.

(3) Shall I open the window? ↗

- I, open, window에 힘을 주어 읽는다. 끝은 올림조로 읽는다.

[마법해설]

(1) I will do my best.

- I will ∼은 의지미래로 '∼할 작정이다'라고 하는 주어의 의지를 나타낸다.

  I will go there, rain or shine.
  비가 오든 날이 개든 나는 거기에 가겠습니다.

- I will은 구어체에서는 I'll [아일]이라고 줄여서 말한다.
- rain or shine [레인 오어 샤인]은 '비가 오든 날이 개든'이라는 뜻의 부사구이다.

(2) You shall have this book.

- You shall은 의지미래이다. '당신은 ∼해야 한다'는 뜻으로, 말하는 사람의 의지를 나타낸다. I will give you this book.(나는 당신에게 이 책을 주겠어요.)과 같은 뜻이다. (32과 의지미래 참조).

(3) Shall I open the window?

- Shall I ∼?는 단순미래가 아니라 '∼할까요?' 하고 자기가 하는 일에 대해서 상대방의 의향을 묻고 있다.
- 그런데 Shall I ∼에는 단순미래를 나타낼 때와 상대방의 의향을 물을 때의 두 가지 경우가 있다.

Shall I be in time for the train? — 단순미래
기차 시간에 도착할 수 있을까요?

- shall이나 will 다음에는 원형동사가 온다. 따라서 위의 문장에서 am, are, is의 원형동사인 be를 사용했다(be in time for : 제시간에 도착하다).
- 직접 상대방의 의지를 물을 때에는 Will you ~라는 형식을 사용한다.

Will you lend me your pencil?
나에게 연필을 빌려주시겠습니까?

- 위에 제시된 예의 문장들을 외워두면 실생활에서 단어만 바꾸어 어렵지 않게 사용할 수 있을 것이다.

✳✳ 영어 명언

Give me liberty, or give me death!
[기브 미 리버티, 오얼 기브 미 데쓰!]
(내게) 자유가 아니면, (내게) 죽음을 달라!
(give me : 나에게 주다. liberty : 자유 death : 죽음)

─패트릭 헨리(미국의 정치가)

EXERCISES

다음 영문의 빈칸에 shall, will을 넣으시오.

1. I (　　　　) go to my aunt's house.
   나는 아주머니 집에 갈 작정입니다.

   aunt's [앤츠] 아주머니의

aunt

2. (　　　　) he come to you?
   그를 당신에게 오게 할까요?

3. (　　　　) you go alone?
   혼자 갈 작정입니까?

   alone [얼로운] 혼자서

4. You (　　　　) do it.
   자네에게 그것을 하게 할 작정일세.

5. (　　　　) I take you anywhere?
   자네를 어디로든지 데려다 줄까?

[해답]

1. will
2. Shall
3. Will
4. shall
5. Shall

제34과의 주요 단어들

canary [커네리] 카나리아

sister [씨스터] 누나

box [박스] 상자

keep [키-입] (동물을) 기르다

window [윈도우] 창

snake [스네이크] 뱀

letter [레터] 편지

coffee break
break [브레이크] 부수다, 잠깐의 휴식

Lesson Thirty-four
제34과

---

(1) **My sister keeps a canary.**
마이　씨스터　키-입스　어　커네리

(2) **A canary is kept by my sister.**
어　커네리　이즈　켑트　바이　마이　씨스터

---

(1) 나의 누이동생은 카나리아를 기르고 있습니다.

(2) 카나리아는 나의 누이동생(누나, 언니)에 의해 길러지고 있습니다.

[발음과 뜻]

thirty-four [써티**포**] 34

keeps [**키-입스**] (동물을) 기르다. keep에 -s가 붙은 것(주어가 3인칭 단수 My sister(나의 누나)이므로)

canary [커**네**리] 카나리아

kept [**켑**트] keep[키-입]의 과거분사

by [**바**이] …에 의해서

[읽는 법]

(2) A canary is kept by my sister. ＼

• is kept를 한 덩어리로 읽고 by my sister를 이어서 읽는다.

[마법해설]

• 위의 예문은 같은 내용을 두 가지로 표현한 것이다.

- 하나는 '~은 …한다'의 뜻이고 다른 하나는 '~은 …된다'는 뜻이다.

(1) My sister keeps a canary.

- 능동문 : ~은 …한다
- (1)은 '~은 …한다'는 뜻으로 동작을 남에게 작용하는 것(여기에서는 my sister)를 주어로, 작용을 받는 것(여기에서는 canary)을 동사의 목적어로 하고 있다. 이런 문장을 능동태 문장(능동문)이라고 한다.

I love him. 나는 그를 사랑합니다.
You eat an apple. 당신은 사과를 먹습니다.

(2) A canary is kept by my sister.

- 수동문 : ~은 …되어진다
- 동작을 받는 것(여기에서는 canary)을 주어로 해서 (1)과 같은 뜻을 나타낸 것이 (2)이다.
- (2)는 '~은 …되어진다'는 뜻이다. 이런 문장을 수동태 문장(수동문)이라고 한다. 이 두 문장을 비교하면 다음과 같다.

(a) <u>My sister</u> <u>keeps</u> <u>a canary</u>.　　—능동문

(b) <u>A canary</u> <u>is kept</u> <u>by my sister</u>.　　—수동문

- 능동문을 수동문으로 바꾸는 요령은 다음과 같다.
  (1) (a)의 목적어를 (b)의 주어로 한다.
  (2) (a)의 keeps는 (b)에서는 is kept(be 동사+과거분사)가 된다.
  (3) (a)의 주어 앞에 by를 붙여서 (b)의 동사 뒤에 놓는다.

수동문의 모양 : be 동사+과거분사

- 영어의 동사는 현재-과거-과거분사로 변화한다.

현재	과거	과거분사	
open	opened	opened	—규칙동사
go	went	gone	—불규칙동사

- be 동사 뒤에는 위의 동사변화 가운데 과거분사를 사용한다.
- 모든 능동문을 수동문으로 바꿀 수 있는 것은 아니다. 목적어(…을, 또는 …를)를 필요로 하는 타동사가 쓰인 문장만 바꿀 수가 있다.
- 다음 문장을 수동문으로 만들어보자.

   Everybody loves him.
   모든 사람이 그를 사랑하고 있습니다.

   (1) 우선 목적어 him을 주어로 해서 문장 앞에 놓는다.
   him → He
   (2) love를 be+과거분사로 고친다.
   love의 과거분사는 loved, be 동사는, he가 주어이고 loves가 현재이므로 is를 사용한다. 따라서 is loved가 된다.
   (3) everybody 앞에 by를 붙여서 문장 끝에 놓는다. 'by~'는 '~에 의해'로 해석한다.

   He is loved by everybody.
   그는 모든 사람들에 의해 사랑받고 있습니다.

- 수동문은 우리말의 어법과는 맞지 않기 때문에 영어 원문이 수동문이더라도 우리말로 옮길 때는 능동문으로 바꾸는 게 더 자연스러울 때가 많다.

EXERCISES

다음 영문을 능동문 또는 수동문으로 바꾸시오.

1. He made a box.

2. The window was broken by him.
   broken [브로우큰] break [브레이크] (부수다)의 과거분사

3. John killed a snake.
   snake [스네이크] 뱀

4. She is liked by everybody.

5. Mother wrote this letter.
   wrote[로우트](썼다)의 과거분사는 written [뤼튼](쓰여진)

snake

letter

[해답]

1. A box was made by him.
   상자는 그에 의해서 만들어졌습니다.

2. He broke the window.
   그는 창을 부쉈습니다.

3. A snake was killed by John.
   뱀은 존에 의해 죽임을 당했습니다.

4. Everybody likes her.
   누구나 그녀를 좋아합니다.

5. This letter was written by mother.
   이 편지는 어머니에 의해 쓰여졌습니다.

window

제35과의 주요 단어들

breakfast [브렉퍼스트] 아침밥

Monday [먼데이] 월요일

lion [라이언] 사자

America [어메리카] 미국

knife [나이프] 칼

tiger [타이거] 호랑이

Busan [부산] 부산

Tuesday [튜즈데이] 화요일

Lesson Thirty-five

제35과

---

(1) He has just finished his breakfast.
히- 해즈 저스트 피니쉬트 히즈 브렉퍼스트

(2) She has been ill since last Monday.
쉬- 해즈 비-인 일 씬스 라스트 먼데이

(3) I have often seen a lion.
아이해브 오-픈 씨-인 어 라이언

---

(1) 그는 방금 아침밥을 다 먹었습니다.
(2) 그녀는 지난 월요일 이래로 계속 아픕니다.
(3) 나는 가끔 사자를 본 적이 있습니다.

[발음과 뜻]

thirty-five [써티파이브] 35
just [저스트] 방금
finished [피니쉬트] finish [피니쉬] (끝마치다)의 과거분사
been [비-인] be [비] (…이다)의 과거분사
since [씬스] …이래
last [라스트, 래스트] 지난.
often [오-픈] 가끔, 자주
seen [씨-인] see [씨-] (보다)의 과거분사

[읽는 법]

(1) He has just finished his breakfast. ↘

- has just는 가볍게, finished, breakfast는 강하게 힘주어 읽는다. (2), (3)의 has, have도 가볍게 읽는다.

(2) She has been ill since last Monday. ↘

- ill까지 단숨에 읽고 잠깐 숨을 쉰 뒤 since last Monday는 단숨에 읽는다.

(3) I have often seen a lion. ↘

- often seen, lion은 강하게 힘주어 읽고 전체를 단숨에 읽는다.

[마법해설]

- 위의 세 예문에는 어느 것이나 has finished, has been, have seen 이라는 have(has)＋과거분사의 형식이 들어 있다. 이러한 형식을 현재완료라고 한다.
- 현재완료는 그 이름대로 넓은 뜻에서 현재의 일종이다. 이 형식에 쓰이는 have에는 '가지고 있다'는 뜻은 없고 과거분사와 함께 결합되어 비로소 뜻을 가지게 된다.

(1) He has just finished his breakfast.**(완료)**

- has just finished는 '방금 끝마친 참이다'라는 뜻의 현재완료로 동작이 지금 막 끝났다는 것을 나타낸다. 즉, 아침밥을 먹는 동작이 지금 막 끝났음을 뜻한다.

She has come **back from school.**
그녀는 지금 막(방금) 학교에서 돌아왔습니다.
(come의 과거는 came, 과거분사는 come이다)

- 위의 예문은 '학교에서 돌아와서 지금 집에 있다'는 뜻이다. 돌아온다는 동작이 끝나고 그것이 지금에 미치고 있는 영향을 나타내고 있다. 이것을

She came **back from school.**
그녀는 학교에서 돌아왔습니다.

와 비교하면 과거를 나타내는 문장은 다만 과거의 일을 나타낼 뿐 현재의 일은 전혀 언급이 되지 않고 있다. 따라서 이 문장에서는 그녀의 현재 상태를 알 수 없다.

- 현재완료는 중점이 현재에 있으며(즉 현재라는 시점을 기준으로), 과거와 관련해서 현재의 일을 말하고 있는 것으로, 의문문에서는 다음과 같은 형식을 취한다.

Have+주어+과거분사

Has he gone **to America?**
그는 미국에 갔습니까?

(2) **She** has been ill since last Monday. **(계속)**

- 현재완료는 과거에서 현재까지 상태나 동작이 계속되고 있음을 나타내기도 한다.
- has been ill은 '지금까지 죽 계속해서 앓고 있다'는 뜻을 나타낸다.

I have lived **here for ten years.**
나는 여기에 10년 동안 (죽) 살고 있습니다.

⑶ I have often seen a lion. **(경험)**

- 이 have seen은 '보아버렸다'나 '계속 보고 있다'도 아닌 '이제까지 본 일이 있다'는 경험을 나타내는 현재완료이다.

  He has often been to America.
  그는 자주 미국에 간 일이 있습니다.

⑷ He has gone to America. **(결과)**

- 이 예를 ⑴의 He has gone ~과 비교해 보면 '간다'는 동작을 나타낼 때에는 gone을 사용하고, '간 적이 있다'는 경험(또는 상태)을 나타낼 때에는 be의 과거분사 been을 사용한다. 이 구별은 중요하므로 잘 외워두도록 한다. 현재완료의 유형을 세 가지(완료·계속·경험)로 나누어 He has gone ~의 문장을 '완료'에 속한다고 보거나, 네 가지(완료·계속·경험·결과)로 나누어 He has gone ~의 문장을 '결과'로 분류하기도 한다.

  He has been to America. (경험)
  그는 미국에 가 본 적이 있습니다.

  He has gone to America. (결과, 또는 완료)
  그는 미국에 갔습니다(그래서 지금 여기에 없습니다).

✳✳ 영어 명언

I have found it!(Eureka!) [아이 해브 파운드 잍!(유레카!)]
(found[파운드] find[파인드] (찾다)의 과거·과거분사)
알았다! ─아르키메데스(그리스 과학자)

175

EXERCISES

다음 영문을 우리말로 번역하시오.

1. He has just gone out.

2. I have lost my knife.
   lost[로스트] lose[루즈] '잃다'의 과거분사

   knife

3. Have you ever seen a tiger?
   ever[에버] 이전에, tiger[타이거] 호랑이

4. I have once been to Busan.

5. John has been absent from school since
   last Tuesday.
   absent [앱슨트] 결석한
   Tuesday [튜즈데이] 화요일

   tiger

   school

[해답]

1. 그는 방금 나갔습니다.
2. 나는 나의 칼을 잃어 버렸습니다.
3. 당신은 이전에 호랑이를 본 적이 있습니까?
4. 나는 부산에 한 차례 간 적이 있습니다.
5. 존은 지난 화요일부터 학교를 결석하고 있습니다.
   (＊be absent from school : 학교를 결석하다)

제36과의 주요 단어들

baseball [베이스볼] 야구

match [매취] 경기

school [스쿠-울] 학교

learn [러-언] 배우다

eat [이-트] 먹다

drink [드링크] 마시다

swim [스윔] 수영하다

sea [씨-] 바다

Lesson Thirty-six

제36과

---

(1) I want to see a baseball match.
아이 원트 투 씨 어 베이스볼 매취

(2) Please give me something to eat.
플리-즈 기브 미 썸씽 투 이-트

(3) We go to school to learn many things.
위 고우 투 스쿠-울 투 러-언 매니 씽즈

---

(1) 나는 야구 경기를 보기를 원합니다.
(2) 나에게 먹을 것을 주세요.
(3) 우리는 많은 것을 배우러 학교에 갑니다.

[발음과 뜻]

thirty-six [써티**씩**스] 36
want [**원**트] …을(를) 바라다, 원하다
match [**매**취] 경기
give [**기**브] 주다
something [**썸**씽] 무엇인가, 어떤 것
eat [**이**-트] 먹다
learn [**러**-언] 배우다
things [**씽**즈] thing[씽] '물건'의 복수

[읽는 법]

(1) I want to see a baseball match. \

- see까지 단숨에, a baseball match는 한 덩어리로 읽는다.

(2) Please give me something to eat. \

- me에서 잠깐 끊었다가 something to eat는 한 덩어리로 읽는다.

(3) We go to school to learn many things. \

- school에서 끊고, to 이하를 단숨에 읽는다.

[마법해설]

- 위의 세 예문에는 to see, to eat, to learn, 즉 to+동사의 원형이라는 형식이 포함되어 있다. 이러한 형식을 to 부정사(不定詞, 수·인칭 등이 규정되어 있지 않으며, 다양하게 활용할 수 있는 말)라고 한다. 영어에서 'to+동사의 원형'은 곳곳에서 명사, 형용사, 부사 등 여러 역할을 한다.

(1) I want to see a baseball match.

- to 부정사의 명사적 용법 : '…하는 것.' to 부정사가 명사 역할을 한다.

  (a) I want some money.
  나는 약간의 돈을 원합니다.

  (b) I want to see a baseball match.
  나는 야구 경기를 보는 것을 원합니다.

- (a)에서는 some money가 명사로 want의 목적어(…을)이다. (b)의 to 부정사 이하는 (a)의 some money와 같은 자리에서 같은 역할을 하는 것으로, 즉 want의 목적어(…하는 것을)이다.
- 본디 목적어가 되는 것은 명사나 대명사이므로 이 경우의 to 부정사는 명사의 역할을 하고 있다. (b)의 뜻은 '나는 야구 경기를 보고 싶습니다'이다.

(2) Please give me something to eat.

- to 부정사의 형용사적 용법 : '…하는.' to 부정사가 형용사 역할을 한다.

  (a) I want to eat something nice.
  나는 맛있는 것을 먹고 싶습니다.

  (b) Please give me something to eat.
  (나에게) 먹을 것을 주세요.

- (a)의 nice도 (b)의 to eat도 다 같이 대명사인 something을 꾸미고 있다. nice는 형용사로서, 이 nice와 같은 역할을 하고 있는 부정사 to eat은 to 부정사의 형용사적 용법이다.
- 형용사는 a nice boy처럼 명사 앞에 오는 것이 원칙이지만 –thing으로 끝나는 명사는 그것을 꾸미는 형용사가 뒤에 온다.('someting nice' 'something to eat')

(3) We go to school to learn many things.

- 위 예문의 to learn은 '배우는 것'도 아니고, '배워야 할'도 아니고, '배우기 위하여'라는 뜻으로 go라는 동사를 꾸미고 있다.
- 동사를 꾸미는 것은 부사이므로 이 to 부정사는 부사 역할을 하고 있다. 따라서 위 예문처럼 '…하기 위하여'라고 번역되는 문장을 to 부정사의 **부사적 용법**이라고 한다.

EXERCISES

다음 영문을 우리말로 번역하고 부정사의 용법을 말하시오.

1. They want something to drink.

2. I like to swim in the sea.
   swim [스윔] 수영하다

3. I went to England to study English.

4. Mary has nothing to do today.
   nothing [낫씽, 낫띵] 아무것도 ~않다

5. We eat to live, but we do not live to eat.
   live [리브] 살다

drink

[해답]

1. 그들은 마실 (어떤) 것을 원하고 있습니다.
   [to 부정사의 형용사적 용법]
2. 나는 바다에서 수영하는 것을 좋아합니다.
   [to 부정사의 명사적 용법]
3. 나는 영어를 공부하기 위해 영국으로 갔습니다.
   [to 부정사의 부사적 용법]
4. 메어리는 오늘 아무것도 할 일이 없습니다.
   [to 부정사의 형용사적 용법]
5. 우리는 살기 위해 먹는 것이지, 먹기 위해 사는 것이 아닙니다.
   [둘 다 to 부정사의 부사적 용법]

제37과의 주요 단어들

swim [스윔] 헤엄치다

hot [핱, 핫] 더운

wrong [롱] 잘못된

read [뤼-드] 읽다

book [북] 책

Seoul [서울] 서울

health [헬쓰] 건강

walk [워-크] 산책

Lesson Thirty-seven
제37과

It is great fun to swim on hot days.
일　이즈　그레이트　펀　투　스윔　온　핫　데이즈

더운 날에 수영하는 것은 아주 재미있습니다.

[발음과 뜻]

thirty-seven [써티**쎄븐**] 37
great [그레이트] 아주, 대단한
fun [펀] 재미있는, 재미있는 일
hot [핫, 핫] 더운

[읽는 법]

It is great fun to swim on hot days. ＼

* fun까지는 단숨에, to swim on hot days는 한 덩어리로 읽는다.

[마법해설]

It is great fun to swim on hot days.

* 우선 it이 무엇을 가리키고 있는지 의아한 생각이 들 것이다. '그
  것은 아주 재미있다'고 해석해 봐도 무엇이 재미있는지 알 수
  없기 때문이다.

- to swim에서 to 부정사는 무슨 용법으로 쓰인 부정사일까? '수영을 할', '수영을 하기 위해서'라고 해석해 봐도 뜻이 통하지 않는다. 그렇다면 '수영하는 것', 즉 명사적 부정사로 생각해 본다.

To swim on hot days is great fun.
더운 날에 수영하는 것은 매우 재미있습니다.

뜻이 통한다. 그러나 주어(To swim on hot days)가 너무 길다.

- 그래서 말하기 쉽게 생각한 것이 it을 주어로 하는 표현 방식이다. it을 가짜 주어로 삼아서 문장 앞에 놓고 진짜 주어인 To swim on hot days는 문장 뒤로 가져온다.

It is great fun to swim on hot days.
더운 날에 수영하는 것은 매우 재미있습니다.

이렇게 되면 문장이 읽기 쉽고 안정감이 있게 된다.

- 이때 It을 가주어, to 이하를 진주어라고 한다. 따라서 it을 '그것'이라고 해석해서는 안 된다.

EXERCISES

다음 영문을 우리말로 번역하시오.

1. It is wrong to tell a lie.
   wrong [롱] 나쁜, lie [라이] 거짓말

2. It is difficult to read this book.
   difficult [디피컬트] 어려운

3. It will be impossible to reach Seoul tonight.
   impossible [임파서블] 불가능한

4. It is good for health to take a walk in the morning.
   walk [워크] 산책

5. It is not easy to master English.
   master [매스터] 완전히 익히다, 숙달하다

[해답]

1. 거짓말을 하는 것은 나쁩니다.
2. 이 책을 읽는 것은 어렵습니다.
3. 오늘밤 서울에 도착하는 것은 불가능할 것입니다.
4. 아침에 산책하는 것은 건강에 좋습니다.
5. 영어에 숙달하는 것은 쉬운 일이 아닙니다.

제38과의 주요 단어들

baby [베이비] 아기

sleeping [슬리-핑] 자고 있는

cradle [크레이들] 요람

baseball [베이스볼] 야구

singing [씽잉] 노래하고 있는

newspaper [뉴스페이퍼] 신문

write [롸이트] 쓰다

letter [레터] 편지

Lesson Thirty-eight
제38과

---

(1) **The baby sleeping in the cradle is my sister.**
더 베이비 슬리-핑 인 더 크레이들 이즈마이 시스터

(2) **I saw a boy running toward me.**
아이 쏘- 어 보이 러닝 투워드 미

---

(1) 요람 안에서 자고 있는 아기는 나의 누이동생이다.
(2) 나는 한 소년이 나에게로 뛰어오는 것을 보았다.

[발음과 뜻]

thirty-eight [써티에이트] 38
baby [베이비] 아기
sleeping [슬리-핑] 자고 있는
cradle [크레이들] 요람
toward [투워드] …에게로

[읽는 법]

(1) The baby sleeping in the cradle is my sister. ↘

- The baby에서 잠깐 끊고 sleeping in the cradle까지 한 덩어리로 읽는다. baby는 내림조로 하지 않고 올림조로 한다.

(2) I saw a boy running toward me. ↘

- boy에서 숨을 쉬고 나머지를 한 덩어리로 읽는다. boy는 내림조로 하지 않고 올림조로 한다.

[마법해설]

(1) The baby sleeping in the cradle is my sister.

- 이 문장의 주어는 The baby이고 동사는 is이다.

The baby is my sister.
그 아기는 나의 누이동생입니다.

- 여기까지라면 쉽게 알 수 있다. in the cradle은 '요람 안에서'라는 뜻이다. 문제는 sleeping이다.
- sleeping은 sleep에 −ing가 붙은 말인데, 이제까지 배운 −ing 모양은 '…하고 있는'이라는 뜻으로 동작의 진행을 나타내는 말이었다. 그런데 이 −ing은 그밖에도 지금 우리가 보고 있는 sleeping처럼 명사 뒤에서 형용사 역할을 하는 경우가 있다.

- 다음 문장을 비교해 보자.

(a) **The baby** is sleeping.　아기가 자고 있습니다.
(b) a sleeping **baby**　자고 있는 아기
(c) a little **boy**　작고 귀여운 아기

(a)는 진행형이다. (c)의 little은 형용사인데 (b)의 sleeping도 little과 마찬가지로 baby를 꾸미고 있다. 이 경우에도 역시 '자고 있는 아기'라는 뜻으로 −ing 형태는 형용사가 되어도 진행 중인 동작을 나타낸다. 여기에서는 in the cradle이라고 하는 어구가 딸

려 있기 때문에 명사 뒤에 sleeping을 놓아 baby를 꾸미고 있다. 이처럼 명사에 딸린 수식어구(명사를 길게 꾸며주는 말)가 있을 때, 수식어구는 명사 뒤에 온다.

(2) I saw a boy running toward me.

- 이 예문도 (1)과 마찬가지로 running toward me는 boy를 꾸미는 역할을 하고 있다.

  (a) I saw a boy.
    나는 한 소년을 보았습니다.

  (b) A boy was running toward me.
    한 소년이 나에게로 뛰어오고 있었습니다.

  (c) I saw a boy running toward me.
    나는 한 소년이 나에게로 뛰어오는 것을 보았습니다.

- (c)의 뜻은 (a)와 (b)를 합친 것과 같은 뜻이다. running은 a boy(한 소년)를 꾸미고 있으므로 '뛰고 있는 소년'이라고 해석할 수 있으나 see(보다), hear(듣다) 등의 동사는 '…하고 있는 것을 본다(듣는다)'라는 식으로 해석하는 것이 좋다. 여기에서는 '소년이 뛰어오는 것을 보았다'라고 해석한다.

  He saw them playing baseball.
  그는 그들이 야구 경기를 하는 것을 보았습니다.

 * see + 목적어 + 동사~ing : ~가 …하는 것을 보다
  hear + 목적어 + 동사~ing : ~가 …하는 것을 듣다

189

EXERCISES

다음 영문을 우리말로 번역하시오.

1. I heard her singing.
   heard [허 – (얼)드] hear [히어] (듣다)의 과거형

singing

2. Barking dogs do not bite.
   bark [바 – 크] 짖다, bite [바이트] 물다

3. The boy reading a newspaper is my brother.
   read [뤼 – 드] 읽다
   reading [뤼 – 딩] 읽고 있는

4. I found him writing a letter.
   found [파운드] find [파인드](발견하다)의 과거
   find + 사람 + 동사의 원형 : ~가 ~하는 것을 발견
   하다, 알다
   write a letter : 편지를 쓰다

dog

[해답]

1. 나는 그녀가 노래하는 것을 들었습니다.
2. 짖는 개는 물지 않습니다.
3. 신문을 읽고 있는 소년은 나의 형(남동생)입니다.
4. 나는 그가 편지를 쓰고 있다는 것을 알았습니다.

read

newspaper

letter

제39과의 주요 단어들

collecting [콜렉팅] 수집, 수집하는 것

stamp [스탬프] 우표

hobby [하비] 취미

tennis [테니스] 테니스

swimming [스위밍] 수영, 수영하는 것

golf [골프] 골프

novel [노블] 소설

teaching [티-칭] 가르침, 가르치는 것

Lesson Thirty-nine
제39과

Collecting   stamps   is   my   hobby.
콜렉팅   스탬프스   이즈 마이   하비

우표 수집은 나의 취미입니다.

[발음과 뜻]

---

thirty-nine [써티나인] 39
collect [콜렉트] 수집하다, 모으다
stamps [스탬(프)스] 우표('프' 발음은 종종 생략하기도 한다)
hobby [하비] 취미

[마법해설]

Collecting stamps is my hobby. ↘

- −ing 형태가 '진행형'이거나 '형용사'의 역할을 한다는 것은 배
  웠는데, 위의 예문에서 is의 주어는 collecting stamps 외에는 없다.
- 주어는 본디 명사가 되는 것이므로 collecting은 명사의 역할을
  하고 있는 셈이다. 이와 같이 명사의 역할을 하는 동사의 −ing
  형태를 동명사라고 한다.
- 동명사와는 달리, '진행형'을 만들거나 '형용사' 역할을 하는 동
  사의 −ing 형태를 현재분사라고 한다.

The girl **is my sister.**
그 소녀는 나의 누이동생입니다.

Collecting stamps **is my hobby.**
우표를 수집하는 것은 나의 취미입니다.

명사인 The girl과 Collecting은 다 같이 주어(…은, …는) 역할을 하고 있다.

I like playing **tennis.**
나는 테니스 치는 것을 좋아합니다.

이 경우 playing은 like의 목적어(…를) 역할을 하고 있다.

Seeing **is** believing.
보는 것은 믿는 것입니다.

Seeing은 주어, believing은 보어(보충설명어, 여기서는 주어를 보충설명해 주는 말)로 둘 다 명사의 역할을 하고 있다.

** 영어 명언

Seeing is beliving. [씽 이즈 빌리빙.]
보는 것이 믿는 것이다. (백문이 불여일견) −조충국(한나라 장군)

EXERCISES

다음 영문을 우리말로 번역하시오.

1. Sleeping is necessary to health.
   necessary [네쎄서리] 필요한
   necessary to … …에 필요한

2. I like swimming.

3. Playing golf is good for health.
   golf [골프] 골프
   be good for~ : ~에 좋다

4. Do you like reading novels?
   novel [노블] 소설

5. Teaching is learning.

sleeping

golf

novel

[해답]

1. 잠자는 것은 건강에 필요합니다.
2. 나는 수영하는 것을 좋아합니다.
3. 골프를 하는 것은 건강에 좋습니다.
4. 당신은 소설 읽는 것을 좋아합니까?
5. 가르치는 것이 배우는 것입니다.

제40과의 주요 단어들

work [워-크] 일하다

succeed [썩시-드] 성공하다

fail [페일] 실패하다

school [스쿠-울] 학교

book [북] 책

train [트레인, 츄레인] 열차

understand [언더스탠드] 이해하다

idle [아이들] 게으른

Lesson Forty

제40과

(1) **Work hard, and you will succeed.**
　　워-크　하-드　앤드　유　월　썩시-드

(2) **Work hard, or you will fail.**
　　워-크　하-드　오어　유　월　페일

(1) 열심히 일하라, 그러면 당신은 성공할 것이다.
(2) 열심히 일하라, 그렇지 않으면 당신은 실패할 것이다.

[발음과 뜻]

forty [**포티**] 40
work [**월크**] 공부하다
hard [**하**-드] 열심히
succeed [**썩**시-드] 성공하다
fail [**페일**] 실패하다

[읽는 법]

(1) Work hard, and you will succeed. ↘

• work를 강하게 읽고, hard에서 숨을 쉬고, and와 succeed를 강하게, you will은 약하게 읽는다.

⑵ Work hard, or you will fail. ↘

- 읽는 방법은 ⑴과 같다.

[마법해설]

- 여기서는 문장마다 주어가 없이 동사가 문장 맨 앞에 와 있다. 명령문이다. 명령문이라면 이미 배운 바가 있지만 이번에는 명령문에 각각 and나 or가 들어 있다.

⑴ Work hard, and you will succeed.

명령문＋, and ～ = …하라, 그러면～

- Work hard는 명령문으로 '열심히 일하라'는 뜻이다. 이 명령문 뒤에 and가 오면 어떠한 뜻이 될까? 이때 and는 '그리고'라는 뜻이 아니라 '그러면'이라는 뜻이 된다.

  Start at once, and you will reach there tomorrow.
  곧 출발해라, 그러면 내일 거기에 도착할 거야.
  reach [뤼-취] 도착하다

⑵ Work hard, or you will fail.

명령문＋, or ～ = …하라, 그렇지 않으면～

- 명령문 다음에 or가 올 때에는 or는 '또는'이라는 뜻이 아니라 '그렇지 않으면'이라는 뜻이 된다. 즉, '만약에 명령대로 하지 않으면'이라는 뜻으로, 'and'의 경우와 뜻이 반대가 된다.

  Hurry up, or you will be late for school.
  서둘러라, 그렇지 않으면 학교에 늦게 될 거야.

EXERCISES

다음 영문을 우리말로 번역하시오.

1. Come tomorrow, and you shall have my book.

2. Don't be idle, or you will fail.

       idle [아이들] 게으른

3. Be kind to others, and you will be loved by all.
      others [아더즈] 다른 사람들
      be kind to ~ …에게 친절하게 대하다
      be loved by ~ …의 사랑을 받다

4. Hurry up, or you will miss the train.
      hurry up[허리 업] 서두르다
      miss [미스] 놓치다

5. Listen to me carefully, and you will understand me.
      listen to ~[리슨 투 ~] …의 말을 경청하다
      carefully [케어풀리] 주의 깊게
      understand [언더스탠드] 이해하다

[해답]

1. 내일 오세요, 그러면 내 책을 드리겠습니다.
2. 게으름을 피워서는 안 됩니다, 그렇지 않으면 실패할 것입니다.
3. 남에게 친절하게 대하시오, 그러면 모두가 당신을 사랑할 것입니다.
4. 서두르시오, 그렇지 않으면 열차를 놓칠 것입니다.
5. 내가 하는 말을 주의 깊게 들으시오, 그러면 나를 이해할 수 있을 것입니다.

제41과의 주요 단어들

tomorrow [투모로우] 내일

start [스타-트] 출발하다

honest [어니스트] 정직

father [파-더] 아버지

go out [고우 아웃] 외출하다

stay [스테이] 머무르다

young [영] 어린, 젊은

run [런] 달리다

Lesson Forty-one

제41과

---

(1) **If it is fine tomorrow, I will start.**
　　이프 잍　이즈　파인　　투모로우　　　아이 윌　　스타－트

(2) **When he came, it was already past ten.**
　　웬　　히　케임　　일　워즈　올레디　　패스트　텐

(3) **I think that he is honest.**
　　아이 씽크　　댙　　히　이즈 아니스트

---

(1) 내일 날씨가 좋으면 나는 출발할 것입니다.

(2) 그가 왔을 때에는 이미 10시가 지나 있었습니다.

(3) 나는 그가 정직하다고 생각합니다.

[발음과 뜻]

forty-one [포티원] 41

if [이프] 만약에 …한다면

when [웬] …할 때

already [올레디] 이미

think [씽크] 생각하다

that [댙, 댙] …라고

honest [어니스트] 정직한

[읽는 법]

(1) If it is fine tomorrow, I will start. ↘

- tomorrow에서 숨을 쉬되 어조는 내리지 않는다. if는 강하게, it is 는 약하게, fine tomorrow는 강하게 읽는다. will start는 분명하게 읽는다.

(2) When he came, it was already past ten. ↘

- (1)과 마찬가지 방법으로, came에서 끊지만 어조는 내리지 않는다. already, ten을 분명하게 읽는다.

(3) I think that he is honest.

- I think에서 끊고, that 이하는 단숨에 읽는다. I think that에서 끊으면 안 된다. I think(나는 생각한다)와 he is honest(그는 정직하다)를 연결해주는 that(…라고, 접속사)은 종종 생략한다.

[마법해설]

- 이제까지 and, but, or를 배웠는데 앞으로 배우는 when, if, that 등은 이제까지와는 성질이 다른 접속사들이다.

(1) If it is fine tomorrow, I will start.

if ～ = 만약에 ～라면

If <u>it is fine tomorrow</u>, <u>I will start</u>.
      (a)   (b)

- (a)와 (b)를 이어 주는 접속사가 if이다. if는 '만약에 ~라면'이라는 조건을 나타내고 있다.
- 위의 문장에서 (b), 즉 I will start가 주된 문장이다. (a)는 (b)에 대한 조건을 나타내어 (b)의 —will start를 꾸미는 부사 역할을 하고 있다. 이때 접속사 if가 있는 (a)를 종속절(종속되어 있는 문장), (b)를 주절(주된 문장)이라고 한다.

(2) When he came, it was already past ten.

when ~ = ~할 때

- 이 문장을 둘로 나누면 다음과 같이 된다.

<u>When he came</u>, <u>it was already past ten</u>.
  (a)   (b)

- When은 (a)와 (b)를 이어 주는 접속사이다. 접속사가 있는 (a)가 종속절이고 (b)가 주절이다.

<u>When his father died</u>, <u>he was only ten</u>.
  (a)   (b)

(3) I think that he is honest.

that ~=~라고, ~라는 것(을)

- 이 문장은 다음과 같이 (a)와 (b)로 나눌 수 있다.

<u>I think</u> that <u>he is honest</u>.
  (a)   (b)

- that은 (a)와 (b)를 이어 주는 접속사이다.

- that 이하의 문장은 think라는 동사의 목적어가 되며 명사의 역할을 하고 있다. 이 문장에서는 I가 주어이고 that 이하가 종속절이다.
- 위에서 말한 when과 if와 같은 역할을 하는 접속사를 몇 가지 살펴보면 다음과 같은 것들이 있다.

as [애즈] = ~이므로 (이유)

As he is ill, he cannot go out.

그는 아파서 외출할 수가 없습니다.

till [틸] = ~까지 (계속)

I will stay here till he comes.

그가 올 때까지 이곳에서 머무르겠습니다.

though [도우] = ~이지만 (양보)

Though he is young, he can speak English well.

그는 젊지만 영어를 잘 말합니다.

because [비코-즈] = 왜냐하면, ~이기 때문에 (원인)

He is loved by all, because he is very kind.

그는 모든 사람의(직역하면 '모든 사람에 의해') 사랑을 받고 있습니다. 왜냐하면 그는 아주 친절하기 때문입니다.

EXERCISES

다음 빈칸에 적당한 접속사를 넣으시오.

1. Wait here (　　　　) my father comes.

   wait [웨이트] 기다리다

2. Run fast (　　　　) you will be in time for school.

3. I will not go (　　　　) the weather is not fine.

   weather [웨더] 날씨

4. (　　　　) I got up, it was past nine.

5. (　　　　) he was poor, he could not go to school.

   poor [푸어] 가난한

[해답]

1. till(나의 아버지가 올 때까지 여기서 기다리시오.)
2. , and(빨리 뛰어라. 그러면 학교 시간에 댈 수 있어.)
3. if(만약에 날씨가 좋지 않으면 가지 않을 것입니다.)
4. When(내가 일어났을 때에는 9시가 지난 뒤였습니다.)
5. As(그는 가난했기 때문에 학교에 갈 수 없었습니다.)

제42과의 주요 단어들

ship [쉽] 배

house [하우스] 집

rich [뤼취] 돈이 많은

Mary [메어리] 메어리

mother [마더] 어머니

building [빌딩] 건물

hospital [하스피틀] 병원

teacher [티-처] 선생

Lesson Forty-two

제42과

---

(1) **Tom is the boy who made the ship.**
톰　이즈　더　보이　후　메이드　더　쉽

(2) **This is the house which belongs**
디스　이즈　더　하우스　위치　빌롱스

　to Mr. Johnson.
　투　미스터　존슨

---

(1) 톰이 그 배를 만든 소년입니다.

(2) 이것은 존스 씨가 소유하고 있는 집입니다.

[발음과 뜻]

forty-two [포티투] 42

made [메이드] 만들었다, make [메이크] (만들다)의 과거

ship [쉽] 배

who [후-] …한('사람'이나 '사람들'을 꾸미는 형용사절을 이끎)

which [위치] …하는(물건을 나타내는 단어나 구절 뒤에 옮)

belong [빌롱] 속하다

belong to ～ …에게 속하다

Johnson [존슨] 존슨. 사람 이름

[읽는 법]

(1) Tom is the boy who made the ship. ＼

- the boy에서 일단 끊지만, boy는 올림조로 읽고 who 이하를 단숨에 읽는다.

(2) This is the house which belongs to Mr. Johnson. ＼

- (1)과 마찬가지 방법으로 house까지 올림조로 읽고 which 이하를 단숨에 읽는다.

[마법해설]

(1) Tom is the boy who made the ship.

- who에 대해서 이제까지 배운 것을 정리해 보자.

  Who is he?
  그는 누구입니까?

  이와 같은 who는 '누구'라는 뜻으로 의문사이다.
- 그러나 다음 예문에서 쓰인 who는 '누구'라는 뜻도 없고 의문문도 아니다.

  <u>Tom is the boy</u> / <u>who made the ship.</u>
     (a)   (b)

  (a)는 '톰은 소년이다'라는 것을 바로 알 수 있다. 그렇다면 made의 주어는 무엇일까? who 외에는 주어가 될 말이 없다.
- who는 the boy를 나타내는 말로 made의 주어이다. 여기에서 (a)와 (b)를 저마다 독립된 문장으로 만들어보자.

(a) **Tom is** the boy.

(b) The boy **made the ship.**

(c) **Tom is the boy**　　　who　　made the ship.

이와 같이 분해해 보면 예문 (c)는 (a)와 (b)의 문장이 하나가 된 것임을 알 수가 있다.

- 이 who는 the boy를 대신하는 대명사로서 made의 주어인 동시에 (a)와 (b)를 이어 주는 접속사이다. 이와 같이 접속사와 대명사 역할을 겸하고 있는 말을 관계대명사라고 한다.

  the boy who **made the ship**
  그 배를 만든 소년

  the man who **is rich**
  돈이 많은 사람

  He is a man who never tells a lie.
  그는 결코 거짓말을 하지 않는 사람이다.

(2) **This is the house which belongs to Mr. Johnson.**

- who는 사람에게 쓰이지만 which는 사물에 사용하는 관계대명 사이다. 예문 (1)도 (2)와 마찬가지로 다음의 (a)와 (b)가 합쳐진 것이다.

  (a) **This is** the house.

  (b) The house **belongs to him.**

  (c) **This is the house**　　which　　belongs to him.

- which는 who의 경우와 마찬가지로 (a)와 (b)를 이어 주는 접속사 역할과 the house를 대신하는 대명사 역할을 겸하고 있다.

관계대명사(소유격) whose

   (a) This is the girl.

          (b) Her name is Mary.

   (c) This is the girl   whose   name is Mary.

(a)와 (b)를 하나로 만들 때에는 who가 아니라 her에 해당하는 whose를 사용한다. who는 사람에게만 사용하지만 whose는 사물에도 사용한다.

관계대명사(목적격) whom

   (a) He is the boy.   (b) Everybody loves him.

   (c) He is the boy whom everybody loves.

위의 예문에서는 him(그를)에 상당하는 관계대명사 whom을 사용한다.

관계대명사 that

• 관계대명사 that은 사람이나 사물에 모두 사용할 수 있다. 주격, 목적격 모두 형태가 같으며, 소유격이 없음에 유의한다.

This is the boy that made the ship. (주격)

This is the pet that she loves. (목적격)
    pet [펫] 애완동물

This is the dog whose name is Michael. (○)
= This is the dog that name is Michael. (×)

EXERCISES

1. 다음 영문을 우리말로 번역하시오.

    1. I don't like a man who tells a lie.
       lie [라이] 거짓말

    2. This is the boy who has lost his mother.
       lost [로스트] lose [루즈] (잃다)의 과거분사

    3. The building which stands on the hill is a hospital.
       building [빌딩] 건물, hospital [하스피틀] 병원

    4. This is the house that Jack built.
       built [빌트] build [빌드] (짓다)의 과거

    5. He is the teacher whom I respect very much.
       respect [뤼스펙트] 존경하다

2. 다음 두 문장을 관계대명사로 하나로 만드시오.

    1. This is the knife. I lost it yesterday.

    2. I know a man. He can speak English.

    3. I saw a gentleman. His name is Min-Seok Kim.

    4. Licoln is the man. We respect him.

[해답]

1.

    1. 나는 거짓말하는 사람을 좋아하지 않습니다.
    2. 이 아이는 어머니를 잃은 소년입니다.
    3. 언덕 위에 있는 건물은 병원입니다.
    4. 이것은 잭이 지은 집입니다.
    5. 그는 내가 매우 존경하는 선생님입니다.

2.

    1. This is the knife which(또는 that) he lost yesterday.
       이것은 그가 어제 잃어버린 칼입니다.
    2. I know a man who(또는 that) can speak English.
       나는 영어를 말할 줄 아는 사람을 알고 있습니다.
    3. I saw a gentleman whose name was Min-Seok Kim.
       나는 (이름이) 김민석이라고 하는 한 신사를 보았습니다.
    4. Lincoln is the man whom(또는 that) we all respect.
       링컨은 우리 모두가 존경하는 사람입니다.

knife

gentleman

Lincoln

제43과의 주요 단어들

town [타운] 시

aunt [앤트] 이모, 고모, 숙모, 아주머니

office [오피스] 사무실

father [파더] 아버지

start [스타-트] 출발

DIE!

die [다이] 죽다

park [파-크] 공원

arrive [어라이브] 도착하다

Lesson Forty-three

제43과

---

(1) **This is the town where my aunt lives.**
디스 이즈 더 타운 웨어 마이 앤트 리브즈

(2) **Today is the day when I was born.**
투데이 이즈 더 데이 웬 아이 워즈 본

---

(1) 이곳은 나의 숙모(이모, 고모)가 살고 있는 마을입니다.
(2) 오늘은 내가 태어난 날입니다.

[발음과 뜻]

forty-three [포티**쓰리**] 43
town [**타운**] 마을, 도시(city)보다 작은 소도시
where [**웨어**] …하는 (곳), 의문사일 때에는 '어디에'
aunt [**앤트**] 이모, 고모, 숙모, 아주머니
when [**웬**] …하는 (때)
born [**본**] bear [**베**어] (낳다)의 과거분사
　　be born 태어나다

[읽는 법]

(1) This is the town where my aunt lives. ↘

• town에서 끊고 where 이하는 한 덩어리로 읽는다.

(2) Today is the day when I was born. ↘

- day에서 끊고 when 이하는 한 덩어리로 읽는다.

[마법해설]

(1) This is the town where my aunt lives.

- where에 대해서는 이미 배운 바 있었으나 그것은

  Where is the book?
  그 책은 어디에 있습니까?

와 같은 예문에서 사용되는 '어디에'라는 뜻을 가진 말로서였다.

- 그러나 이번에는 의문사가 아니라 다른 형식으로서의 where이다. 문장의 구조를 보면 앞 과에 나온 관계대명사 which의 경우와 비슷하다는 사실을 알 수 있다.

  (a) This is the town.　　(b) My aunt lives in the town.

  (c) This is the town where my aunt lives.

- (a)와 (b)의 두 문장이 하나가 되어 (c)가 되었다. (a)와 (b)의 공통 단어인 town이 연결어가 된다. (b)의 in the town이라고 하는 장소를 나타내는 부사구 대신에 where를 사용해서 (a)와 (b)를 이어 준다. 즉 where는 (a)와 (b)를 이어 주는 역할과 in the town이라는 부사구를 대신하고 있다. 이때 이 where를 관계부사라고 한다.

- town은 명사이므로 관계대명사 which를 사용해서 (a)와 (b)를 이어 줄 수도 있다. 이때에는 the town을 which로 바꾸게 되므로 in the town은 in which가 된다.

This is the town in which **my aunt lives.**

(2) Today is the day when I was born.

- (2)에서 when의 경우도 where와 마찬가지 역할을 하고 있다. where가 장소에 사용되는데 반해 when은 때를 나타내는 부사의 역할을 한다.

(a) **Today is** the day.　　(b) **I was born** on the day.

(c) **Today is the day** when **I was born.**

when은 (a)와 (b)를 이어 주는 접속사인 동시에 on the day를 대신하는 부사로 where와 마찬가지로 관계부사이다.

** 영어 명언

Where there is a will, there is a way.
[웨얼 데어 이즈 어 윌, 데얼 이즈 어 웨이.]

뜻이 있는 곳에 길이 있다.

(there is : ~이 있다. a will : 뜻(의지). a way : 길(방법).)

EXERCISES

1. 다음 영문을 우리말로 번역하시오.

1. The office where my father works is in Jong-ro.
   office [오피스] 사무실

2. Monday is the day when I am free.
   free [프리-] 한가한

3. Do you know the exact time when he will start?
   exact [이그잭트] 정확한

4. This is the place where his brother died.

5. The day will come when you will thank him.
   thank [쌩크] 감사하게 여기다

2. 다음 두 문장을 관계대명사로 하나로 만드시오.

1. Tell me the time (   ) you will start.

2. This is ths park (   ) we played tennis.

3. I started on the day (   ) he arrived.

[해답]

1.

　1. 나의 아버지가 일하고 있는 사무실은 종로에 있습니다.
　2. 월요일은 내가 한가한 날입니다.
　3. 당신은 그가 출발하는 정확한 시간을 알고 있습니까?
　4. 이곳은 그의 형이 죽은 곳입니다.
　5. 당신은 그에게 감사할 날이 올 것입니다.

2.

　1. when. (당신이 출발하는 시간을 알려주시오.)
　2. where. (이곳은 우리가 테니스를 한 공원입니다.)
　3. when. (나는 그가 도착한 날에 출발했습니다.)

** 영어 명언

Sweet is pleasure after pain.
[스윝 이즈 플레줘 애프터 페인.]
고통 뒤의 즐거움은 달다.
　(Sweet : 달콤한. is : 이다. pleasure : 기쁨, 즐거움. after pain : 고통 뒤의(뒤에))

제44과의 주요 단어들

frog [프로-그] 개구리

water [워터] 물

lamp [램프] 전등

table [테이블] 탁자

chair [체어] 의자

cat [캩, 캣] 고양이

vase [베이스] 꽃병

shine [샤인] 빛나다

Lesson Forty-four
제44과

---

(1) **Tom is before Jane.**
톰　이즈 비포　제인

(2) **A frog jumps into the water.**
어 프로그 점프스 인투 더 워터

(3) **I see a lamp over the table.**
아이 씨- 어 램프 오버 더 테이블

---

(1) 톰은 제인 앞에 있습니다.
(2) 개구리가 물 속으로 뛰어듭니다.
(3) 나는 탁자 위의 전등을 봅니다.

[발음과 뜻]

forty-four [포티**포**] 44
before [비**포**어] … 앞에
frog [프**로**그] 개구리
jump [**점**프] 뛰다
into [**인**투] …속으로
over [**오우**버] …위에

[읽는 법]

• (1)의 before, (2)의 into, (3)의 over는 반드시 다음 명사와 한 덩어리로 읽는다.

[마법해설]

- 전치사는 명사나 대명사 앞에 놓는 말로, 때나 장소 등을 나타
  내며, 우리말의 토씨에 해당된다. 주의해야 할 전치사를 살펴
  본다.

before (…앞에), behind (…뒤에), between (…사이에)

> **Tom is before Jane.**
> 톰은 제인 앞에 있습니다.
>
> **Jane is behind Tom.**
> 제인은 톰 뒤에 있습니다.
>
> **There is a chair between Tom and Jane.**
> 톰과 제인 사이에 의자 하나가 있습니다.

on (…위에), over (…위쪽에 있는)

> **There is a vase on the table.**
> 탁자 위에 꽃병이 하나 있습니다.
>
> **I see a lamp over the table.**
> 나는 탁자 위쪽에 있는 하나의 램프를 봅니다.

on은 바로 위에 붙어 있을 때(또는 거의 붙어 있을 때), over는 위
에 있지만 떨어져 있을 때 사용한다. 예문에서 꽃병은 탁자 바
로 위에 놓여 있지만, 전등(→ 전등 본체를 말하는 것이 아니라
전등이 끼여 있는 전등 갓 부분을 말함)은 탁자 바닥에서는 떨어
져 있는 상태임.

under (…아래에), below (…아래쪽에), beneath (…바로 아래에)

> **There is a cat under the table.**
> 탁자 아래에 고양이 한 마리가 있습니다.
>
> **She bought a skirt below the knees.**
> 그녀는 무릎 아래까지 내려오는 치마를 하나 샀습니다.

She hid her wallet beneath **her pillow.**
그녀는 베개 바로 아래에 자신의 지갑을 숨겼습니다.

under는 흔히 말하는 '…아래에'를 말할 때, below는 under보다 더 아래쪽을 말할 때, beneath는 아래에 있지만 딱 붙어 있을 정도로 가까이 있는 경우(예 : plant a bug beneath the table — 탁자 바로 밑에 도청장치[bug]를 설치하다)를 말할 때 사용한다.

at (…에), in (…안에)

He lives at **Jong—ro** in **Seoul.**
그는 서울 종로에서 살고 있습니다.

서울과 같은 큰 도시에는 in을 사용하며, 작은 집, 마을, 고을에는 at을 사용한다.

to (…으로), for (…을 향해서)

He went to **Seoul.**
그는 서울로 갔습니다.

He started for **Seoul.**
그는 서울을 향해 출발했습니다.

둘 다 목적지를 나타내지만 to는 come(오다), go(가다) 뒤에서 사용하고, for는 start(출발하다), leave(떠나다) 뒤에서 사용한다.

out of (…로부터 밖으로), into (…안으로)

A frog jumps out of **the water.**
개구리가 물 밖으로 뛰어나옵니다.

A frog jumps into **the water.**
개구리가 물 속으로 뛰어듭니다.

into는 '밖에서 안으로', out of는 '안에서 밖으로'의 뜻으로, 둘 다 방향을 나타낸다.

EXERCISES

1. 다음 영문을 우리말로 번역하시오.

   1. The sun is shining above us.
      shining [샤이닝] 빛나고 있는

   2. There is no difference between this and that.
      difference [디퍼런스] 차이
      between A and B A와 B 사이에

   3. I have lived in Seoul for ten years.

   4. He started on the first of January.
      January [재뉴어리] 1월

   5. He works from morning till evening.
      till [틸] …까지

2. 다음 빈 칸에 적당한 전치사를 넣으시오.

   1. I go (　　　　) bed (　　　　) ten.

   2. He went (　　　) (　　　　) the room.

   3. There is a bridge (　　　) the river.

   4. I see a cat (　　　) the roof.

   5. John has been ill (　　　) two weeks.

[해답]

1.

　　1. 태양이 우리 위에서 빛나고 있습니다.
　　2. 이것과 저것 사이에는 아무런 차이가 없습니다.
　　3. 나는 서울에서 10년 동안 살고 있습니다.
　　4. 그는 1월 1일에 출발했습니다.
　　5. 그는 아침부터 저녁까지 일을 합니다.

2.

　　1. to, at.　나는 10시에 잡니다.
　　2. out of.　그는 방에서 나갔습니다.
　　3. over.　강 위에 다리가 있습니다.
　　4. on.　나는 지붕 위의 고양이를 봅니다.
　　5. for.　존은 2주일 동안 병석에 있습니다.

** 영어 명언

An apple a day keeps the doctor away.
[어내플 어 데이 킵스 더 닥터 어웨이.]
하루에 사과 한 개면 의사가 필요없다.
(a day : 하루에. keep the doctor away : 의사를 멀리하다, 건강을 유지하다.)

모음

[iː] 이−

 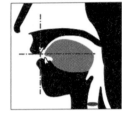

입을 거의 닫고 입술을 최대한 옆으로 당겨서 우리말 '이'를 길게 내는 소리.

eat[iːt] [이−트] 먹다
seat[siːt] [씨−트] 자리

[i] 이

 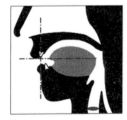

우리말 '이'. 아주 짧게− 입을 거의 움직이지 않고−발음하므로, 엄밀히 말하면 '이'와 '에'의 중간음으로 들린다.

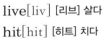

live[liv] [리브] 살다
hit[hit] [히트] 치다

[ei] 에이

알파벳 맨 처음의 소리. 이중모음의 경우, 처음 모음을 강하게 발음하고 나서, 두 번째 모음은 입을 약간 닫고 가볍고 약하게, 하나의 소리로 이어서 발음하는 것이 특징이다.

take[teik] [테이크] 잡다
later[léitər] [레이터, 레이러(미국)] 나중에

---

[e] 에

 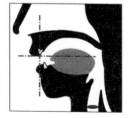

우리말의 '에'.

bed[bed] [베드] 침대
egg[eg] [에그] 달걀

[æ] 애

입을 위아래로 조금 길게, 동시에 옆으로도 조금 크게 벌린다.

answer[ǽnsər] [앤써] 대답 ; 대답하다.
bad[bæd] [배드] 나쁜

[ə] 어

우리말의 '어'.
입을 거의 벌리지 않고 발음한다.

again[əgén] [어겐] 다시
polite[pəláit] [펄라이트] 예의 바른

[ə:r] 어ㄹ

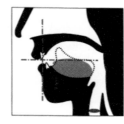

early[ɔ́:rli] [어얼리] 이른
bird[bə:rd] [버얼드] [버-(얼)드] 새

입을 너무 크게 벌리지 않고 [어]를 발음하고, 이어서 혀를 말아서 [ㄹ] 소리를 낸다. 이 두 소리를 합치면 [어얼]이 된다. 이때 이탤릭체로 된 [r]은 [r] 소리의 반쯤만 약하게 발음한다.

[ʌ] [ə́] 어, 아

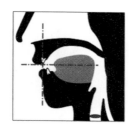

cut[kʌt] [컷, 커트] 자르다
wonderful[wʌ́ndərfəl] [원더풀] 훌륭한

'어'와 '아'의 중간 소리. 정확한 발음을 표기할 수 없어서 편의상 '어'로 표기하지만, 우리 말의 '어'보다는 강하게 발음한다. [ə]의 '어'보다 입을 위아래로 더 벌려서 발음한다.

[ɑ] 아

 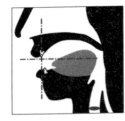

입을 크게 벌리고 내는 '아'.

hot[hɑt] [핱, 핫] 뜨거운
lot[lɑt] [랕, 랏] 운, 운명

[ɑː] 아―

 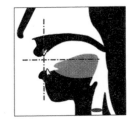

우리말의 '아'를 길게 내는 소리. 위를 보고 하품할 때의 입 모양.

father[fɑ́ːðɔr] [파―더] 아버지
calm[kɑːm] [카―암] 조용한

[aːr] 아-ㄹ

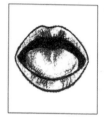
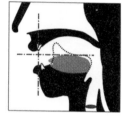

입을 크게 벌리고 [아]를 발음하고, 이어서 혀를 감고 [ㄹ] 소리를 낸다. 이탤릭체 [*r*]은 [r] 소리의 반쯤만 약하게 발음한다.

hard[haːrd] [하-(알)-드] 단단한
star[staːr] [스타-(알)] 별

[uː] 우-

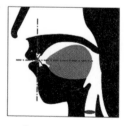

휘파람을 불 때의 입 모양으로 내는 긴 '우'. 우리말 소리의 '우우'나 '우우우'.

afternoon[æftərnúːn] [애프터누-운] 오후
fool[fuːl] [푸-울] 바보

[u] 우

 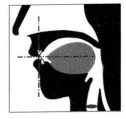

우리말의 '우'. 입술을 앞으로 내밀고 짧게 소리낸다.

good[gud] [굳, 굿] 좋은
full[ful] [풀] 가득한

[ou] 오우

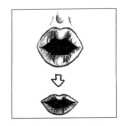

coat[kout] [코우트] 외투
bowl[boul] [보울] 식기

우리말의 '오우'. 이중모음의 경우, 처음 모음을 강하게 발음하고 나서, 두 번째 모음은 입을 약간 닫고 가볍고 약하게, 하나의 소리로 이어서 발음하는 것이 특징이다.

[ɔː] 오-

 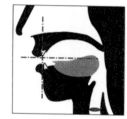

우리 말의 '오'보다 입을 좀 더 벌려서 내는 소리. '오'와 '어'의 중간쯤으로 생각하면 된다.

law[lɔː] [로-] 법률
hall[hɔːl] [호-올] 회관

[ɔːr] 오-ㄹ

 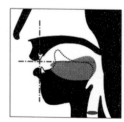

놀랐을 때처럼 '오' 하고 소리를 낸 뒤에 혀를 목구멍 쪽으로 감고 [리] 소리를 낸다. 이탤릭체 [r]은 [리] 소리의 반쯤만 약하게 발음한다.

short[ʃɔːrt] [쇼-(올)트] 짧은
war[wɔːr] [워-(얼)] 전쟁

자음

[p] ㅍ

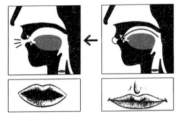

우리말의 '프'. 다문 입을 단숨에 열면서 세차게 내는 소리. 우리말의 '프'보다 강한 파열음(破裂音 : 입술을 붙였다 떼면서 내는 소리)이 따른다.

put[put] [풋] 놓다
pick[pik] [픽] 고르다

[b] ㅂ

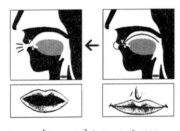

우리말의 '브'와 같으나 세기가 다르다. 다문 입을 단숨에 열면서 소리를 낸다.

business[bíznis] [비즈니스] 사업
beat[biːt] [비-트] 두드리다

[t] ㅌ

우리말의 '트'. 혀끝을 윗니의 잇몸에 대었다가 순간적으로 떼면서 낸다.

take[teik] [테이크] 잡다
tell[tel] [텔] 말하다

---

[d] ㄷ

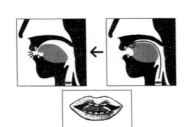

't'를 발음할 때와 같은 위치의 잇몸 부분에 혀끝을 댔다가 단숨에 파열시키면서(혀를 떼면서) [드] 소리를 낸다.

do[duː] [두-] 하다
double-check[dʌ́bltʃék] [더블췌크] 다시 확인하다

우리말의 '크'.

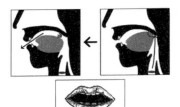

come[kʌm] [컴] 오다
keep[ki:p] [키-입, 키-잎] 유지하다

우리말의 '그'.

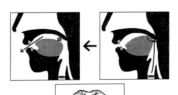

get[get] [겔, 겟] 얻다
give[giv] [기브] 주다

[f] ㅍ

 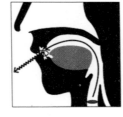

마찰이 뒤따르는 소리가 좁은 틈에서 나오는 소리. 가볍게 아랫입술을 깨물었다 떼면서 바람을 세게 내보낸다는 느낌으로 'ㅍ' 소리를 낸다.

fun[fʌn] [펀] 즐거움
coffee[kɔ́(ː)fi] [커피] 커피

---

[v] ㅂ

 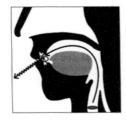

우리말의 '브'. 가볍게 아랫입술을 깨물었다가 떼면서 바람을 세게 내보낸다는 느낌으로 'ㅂ' 소리를 낸다.

leave[liːv] [리-브] 떠나다
never[névər] [네버] 결코 …아니다

[θ] ㅆ

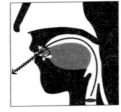

'쓰'와 비슷하다. 혀끝을 윗니와 아랫니의 좁게 벌린 틈 사이로 내밀면서, 동시에 바람을 내보낸다는 느낌으로 '쓰' 소리를 낸다.

everything[évriθìŋ] [에브리씽] 모든 것
sixth[siksθ] [식스쓰] 여섯 번째의

[ð] ㄷ

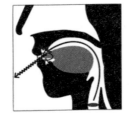

위의 경우와 같은 식으로 위치를 잡고 'ㄷ' 소리를 낸다. 즉 혀끝을 윗니와 아랫니의 좁게 벌린 틈 사이로 내밀면서, 동시에 바람을 내보낸다는 느낌으로 '드' 소리를 낸다.

that[ðæt] [댙, 댓] 그것
either[íːðər] [이-더] 어느 한 쪽의

[h] ㅎ

 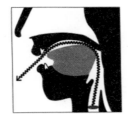

우리말의 '흐'. 크게 한숨 쉴 때 나는 소리.

hold[hould] [호울드] 잡다
perhaps[pərhǽps] [퍼햅스] 아마도

---

[s] ㅅ, ㅆ

 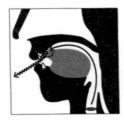

우리말의 '스' 또는 '쓰'. 타이어가 펑크났을 때 공기가 새어나가는 것 같은 소리. 입술을 아주 조금만 열고 윗니와 아랫니 사이로 '스·쓰' 소리 를 내어보낸다.

speak[spi:k] [스피-크] 말하다
see[si:] [씨-] 보다

[z] ㅈ

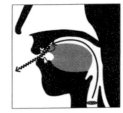

우리말의 '즈'. ㅅ의 유성음. 입술을 아주 조금만 열고 윗니와 아랫니 사이로 '즈' 소리를 내어본다.

easy[íːzi] [이-지] 쉬운
busy[bízi] [비지] 바쁜

[ʃ] 쉬

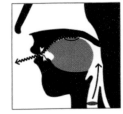

우리말의 '쉬'. 아이가 자고 있으니까 조용히 하라고 할 때와 같은 '쉬' 소리. 입술을 둥글게 내밀고 '쉬' 소리를 낸다.

sure[ʃuər] [슈어] 확실히
show[ʃou] [쇼우] 보여주다

[ʒ] ㅈ

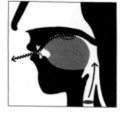

우리말의 '쥐'. '쉬'의 유성음. 입술을 둥글게 내밀고 '쥐' 소리를 낸다.

pleasure[pléʒər] [플레줘–] 즐거움
measure[méʒər] [메줘–] 재다

[tʃ] 취

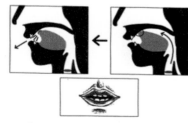

입술을 둥글게 내밀고 t 발음 때와 같이 혀끝은 잇몸에 대지만, 파열음 t 와는 달리, 순간적으로 떼지 않고 천천히 혀끝을 떼면서 '취' 소리를 낸다.

change[tʃeindʒ] [췌인지] 바꾸다
cheap[tʃiːp] [취–입] 값싼

[dʒ] 쥐

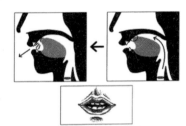

두 음이 아니라 하나의 소리. '취'의 유성음. '취'를 발음할 때와 같은 입모양으로 '쥐'를 발음한다. 즉 입술을 둥글게 내밀고 t 발음 때와 같이 혀끝은 잇몸에 대지만, 파열음 t와는 달리, 순간적으로 떼지 않고 천천히 혀끝을 떼면서 '쥐' 소리를 낸다.

joke[dʒouk] [죠우크] 농담하다
gentle[dʒéntl] [젠틀] 상냥한

---

[m] ㅁ

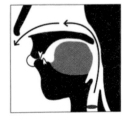

우리말의 '므'.

calm[kɑːm] [카-암] 조용한
company[kʌ́mpəni] [컴퍼니] 동료, 회사

[n] ㄴ

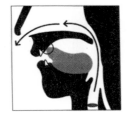

우리말의 '느'.

name[neim] [네임] 이름
number[nʌ́mbər] [넘버] 번호

[ŋ] ㅇ

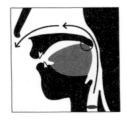

우리말의 '잉'. 혀의 가장 안쪽 부분을 들어올려서 위턱에 대고 코로 나오는 소리.

singer[síŋər] [씽어] 가수
coming[kʌ́miŋ] [커밍] 오는, 다가오는

[1]  ㄹ

love[lʌv] [러브] 사랑
look[luk] [룩] 보다

l과 r을 같은 '르'로 표시했지만 이 두 소리 사이에는 차이가 있다. 혀끝을 잇몸에 대고 그대로 '르어' 하며 단숨에 소리를 내면 숨이 혀 양쪽을 지나면서 이 '르, 러' 소리가 난다.

---

[r] ㄹ

right[rait] [롸이트] 올바른
read[riːd] [뤼ー드] 읽다

r은 혀끝을 뜨게 하여—즉 입 안 어디에도 닿지 않게 하여—소리를 낸다. 혀를 목구멍 쪽으로 감아서 '아—알' 소리를 내면 된다. 이때 혀를 닿지 않게 해야 정확한 소리가 난다.

반모음

[j] 이

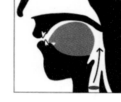

'야'라고 할 때 '야' 앞에 들어가는 짧은 '이'. 모음처럼 발음되지만 '반쪽자리 모음'이라는 뜻에서 반모음(半母音)이라 일컫는다.

you[ju] [유] 당신
yes[jes] [예스] 네

[w] 우

우리말의 '우'. 입술을 충분히 내밀고 내는 소리. 발음의 성격은 [j]와 같은 반모음(半母音)이다.

wood[wud] [우드] 목재
wool[wul] [울] 양털

동물

animal 동물
[ǽniməl] 애니멀

bird 새
[bɔːrd] 버−(얼)드

fish 물고기
[fiʃ] 피쉬

lion 사자
[láiɔn] 라이언

tiger 호랑이
[táigər] 타이거

bear 곰
[bɛər] 베어

panda 팬더
[pǽndə] 팬더

wolf 늑대
[wulf] 울프

fox 여우
[fɑks/fɔks] 팍스, 폭스

gorilla 고릴라
[gərílə] 고릴러

elephant 코끼리
[élifənt] 엘리펀트

giraffe 기린
[dʒərǽːf] 저래프

kangaroo 캥거루

[kæ̀ŋɡərú:] 캥거루-

koala 코알라

[kouάːlə] 코우알-러

monkey 원숭이

[mʌ́ŋki] 멍키

cow 젖소

[kau] 카우, 캬우

ox 황소

[ɑks] 악스, 옥스

sheep 양

[ʃiːp] 쉬-프, 쉬-입

goat 염소
[gout] 고우트

dog 개
[dɔːg] 도그

puppy 강아지
[pʌ́pi] 퍼피

cat 고양이
[kæt] 캘, 캣

kitten 새끼 고양이
[kítn] 키튼

deer 사슴
[diɔ(r)] 디어

horse 말
[hɔːrs] 호-올스

pig 돼지
[pig] 피그

rabbit 토끼
[rǽbit] 래빝, 래빗

squirrel 다람쥐
[skwə́ːrəl] 스쿼-럴

mouse 생쥐
[maus] 마우스

bat 박쥐
[bæt] 뱉, 배트

wing 날개
[wiŋ] 윙

goose 거위
[guːs] 구-스

parrot 앵무새
[pǽrɔt] 패럿

penguin 펭귄
[péŋgwin] 펭귄

sparrow 참새
[spǽrou] 스패로우

hen 암탉
[hen] 헨

rooster 수탉
[rúːstɚ(r)] 루-스터

duck 오리
[dʌk] 더크, 덕

crow 까마귀
[krou] 크로우

ant 개미
[ænt] 앤트

bee 벌
[biː] 비-

mosquito 모기
[məskíːtəu] 머스키-토우

butterfly 나비
[bʌ́tə(r)flai] 버터플라이

beetle 딱정벌레
[bíːtl] 비ー틀

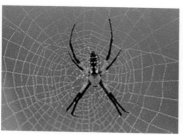

spider 거미
[spáidə(r)] 스파이더

whale 고래
[weil] 웨일

dolphin 돌고래
[dɔ́(ː)lfin] 돌핀, 달핀

octopus 문어
[ɔ́ktəpəs] 옥토퍼스, 악토퍼스

crab 게
[kræb] 크랩

shrimp 새우
[ʃrimp] 슈림프

turtle 거북
[tə́ːrtl] 터틀

snake 뱀
[sneik] 스네이크

frog 개구리
[frɔːg] 프로-그

pet 반려동물
[pet] 펱, 펫

과일·채소

fruit 과일, 열매
[fru:t] 프루－트

vegetable 채소
[védʒtəbl] 베지터블

apple 사과
[ǽpl] 애플

orange 오렌지
[ɔ́:rindʒ] 오－린지

banana 바나나
[bənǽnə] 버내너

peach 복숭아
[pi:tʃ] 피－취

grape 포도
[greip] 그레이프

strawberry 딸기
[strɔ́:bèri] 스트로-베리

cherry 버찌
[tʃéri] 체리

kiwi 키위
[kí:wi:] 키-위

pear 배
[pɛə(r)] 페어

pineapple 파인애플
[páinæ̀pl] 파인애플

melon 멜론
[mélən] 멜런

lemon 레몬
[lémən] 레먼

tomato 토마토
[təméitou] 터메이토우

cucumber 오이
[kjúːkʌmbə(r)] 큐컴버

cabbage 양배추
[kǽbidʒ] 캐비쥐

pumpkin (둥근) 호박
[pʌ́mpkin] 펌킨

corn 옥수수
[kɔːrn] 코ー온

potato 감자
[pətéitou] 포테이토

carrot 당근
[kǽrət] 캐럴, 캐럿

garlic 마늘
[gáːlik] 가ー알릭

spinach 시금치
[spínif] 스피니취

sweet potato 고구마
[swíːt pəteitou] 스윗포테이토

탈것

bicycle 자전거
[báisikl] 바이시클

bike bicycle의 준말
[baik] 바이크

motorcycle 오토바이
[móutərsàikl] 모우터사이클

car 자동차
[kɑː(r)] 카-

taxi 택시
[tǽksi] 택시

bus 버스
[bʌs] 버스

subway 지하철
[sʌ́bwèi] 서브웨이

boat 보트
[bout] 보우트

train 기차
[trein] 트레인, 츄레인

air-plane 비행기
[ɛ́ərplèin] 에어플레인

traffic 교통
[trǽfik] 트래픽, 츄래픽

ship 배
[ʃip] 쉽

음식

breakfast 아침밥
[brékfəst] 브렉퍼스트

lunch 점심
[lʌntʃ] 런취

dinner 저녁밥
[dínə(r)] 디너

food 음식
[fuːd] 푸ー드

meal 식사
[miːl] 미ー일

rice 쌀, 밥
[rais] 롸이스

bread 빵
[bred] 브레드

toast 토스트
[toust] 토우스트

sandwich 샌드위치
[sǽndwitʃ] 샌드위치

cookie 과자
[kúki] 쿠키

butter 버터
[bʌ́tə(r)] 버터

jam 잼
[dʒæm] 잼

hamburger 햄버거
[hǽmbə̀ːgə(r)] 햄버거

pie 파이
[pai] 파이

pizza 피쩌
[píːtsə] 피자

soup 수프
[suːp] 수ㅡ프

noodle 국수, 면
[núːdl] 누들

spagetti 스파게티
[spəgéti] 스퍼게티

salad 샐러드
[sǽləd] 샐러드

egg 알·달걀
[eg] 에그

cheese 치즈
[tʃiːz] 취-즈

cake 케이크
[keik] 케이크

candy 사탕
[kǽndi] 캔디

sugar 설탕
[ʃúgə(r)] 슈거

salt 소금
[sɔːlt] 소-올트

pepper 후추
[pépə(r)] 페퍼

oil 기름
[ɔil] 오일

meat 고기
[mːt] 미-트

beef 쇠고기
[biːf] 비-프

pork 돼지고기
[pɔ́ː(r)k] 포-(올)크

chicken 닭고기
[tʃíkin] 치킨

ham 햄
[hæm] 햄

bacon 베이컨
[béikən] 베이컨

milk 우유
[milk] 밀크

steak (쇠고기) 스테이크
[steik] 스테이크

sauce 소스
[sɔːs] 소-스

juice 과즙
[dʒuːs] 쥬-스

water 물
[wɔ́ːtər] 워-터, 워러(미국)

ice 얼음
[ais] 아이스

honey 꿀, 벌꿀
[hʌ́ni] 허니

coffee 커피
[kɔ́ːfi] 커-피

tea 차
[tiː] 티-

학교 · 문방구

school 학교
[skuːl] 스쿠-울

teacher 교사
[tíːtʃɔ(r)] 티-처

student 학생
[stjúːdnt] 스튜든트

class 학급[반]
[klæs] 클래스

blackboard 칠판
[blǽkbɔ̀ːrd] 블랙보-드

chalk 분필
[tʃɔːk] 초-크

club 클럽, 동호회
[klʌb] 클럽

desk 책상
[desk] 데스크

chair 의자
[tʃεɔ(r)] 체어

eraser 지우개
[iréisɔr] 이레이서

pencil 연필
[pénsl] 펜슬

pen 펜
[pen] 펜

notebook 공책
[nóutbùk] 노우트북

scissors 가위
[sízərz] 시저즈

paper 종이
[péipɔ(r)] 페이퍼

test 시험
[test] 테스트

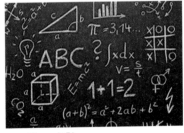

math 수학
[mǽθ] 매쓰

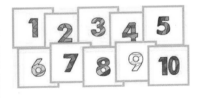

number 수
[nʌ́mbɔ(r)] 넘버

story 이야기
[stɔ́:ri] 스토 ─ 리

word 단어, 낱말
[wɔ:rd] 워 ─ 드

language 언어
[læŋgwidʒ] 랭귀쥐

English 영어
[íŋgliʃ] 잉글리쉬

book 책
[buk] 붘, 북

diary 일기
[dáiəri] 다이어리

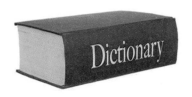

dictionary 사전
[díkʃənèri] 딕셔네리

magazine 잡지
[mæ̀gəzíːn] 매거지-인

newspaper 신문
[njúːspèipə(r)] 뉴스페이퍼

page 페이지, 쪽
[peidʒ] 페이지

letter 편지
[létə(r)] 레터, 레러(미국)

stamp 우표, 도장
[stæmp] 스탬프

악기 · 스포츠

flute 플루트
[fluːt] 플루-트

violin 바이올린
[váiɔlin] 바이얼린

guitar 기타
[ɡitáːr] 기타-

drum 북
[drʌm] 드럼

piano 피아노
[piǽnou] 피애노우

organ 오르간
[ɔ́ːrɡən] 오-(올)건

trumpet 트럼펫
[trʌ́mpit] 트럼핕, 트럼핏

music 음악
[mjúːzik] 뮤-직

song 노래
[sɔːŋ] 쏘-옹

sound 소리
[saund] 사운드

sport 운동
[spɔːrt] 스포-츠

game 경기
[geim] 게임

tennis 테니스
[tenis] 테니스

golf 골프
[gɔ(ː)lf, gɑ(ː)lf] 고-올프, 가-알프

baseball 야구
[béisbɔ̀ːl] 베이스보-올

volleyball 배구
[vάːlibɔ̀ːl] 발리보-올

basketball 농구
[bǽskitbɔ̀ːl] 배스킷보-올

badminton 배드민턴
[bǽdmintən] 배드민턴

soccer 축구
[sákɔr, sɔ́kɔr] 싸커, 써커

team 팀, 단체
[ti:m] 티-임

goal 골, 득점
[goul] 고울

racket 라켓
[rǽkit] 래킷, 래키트

ball 공
[bɔːl] 보-올

bat 방망이
[bæt] 뱉, 배트

몸

hair 머리카락
[hɛɔ(r)] 헤어

head 머리
[hed] 헤드

eye 눈
[ai] 아이

cheek 뺨
[tʃiːk] 취-크

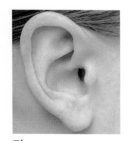

ear 귀
[iɔ(r)] 이어

nose 코
[nouz] 노우즈

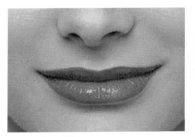

mouth 입
[mauθ] 마우쓰

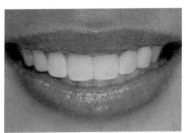

teeth 이빨
[ti:θ] 티쓰(tooth[투쓰] '이빨 한 개'의
복수)

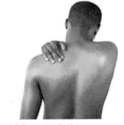

shoulder 어깨
[ʃóuldə(r)] 쇼울더

neck 목
[nek] 넥, 네크

finger 손가락
[fíŋgə(r)] 핑거

hand 손
[hænd] 핸드

chest 가슴

[tʃest] 체스트, 췌스트

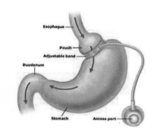

stomach 위(胃), 배

[stʌ́mək] 스터미크

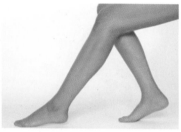

leg 다리

[leg] 레그

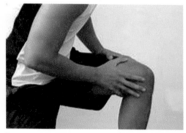

knee 무릎

[niː] 니-

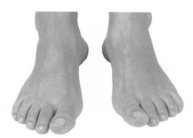

foot 발

[fut] 풋, 푸트

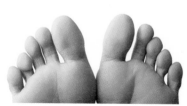

toe 발가락

[tou] 토우

가족

family 가족
[fǽməli] 패밀리

parent 부모
[pέərənt] 페어런트

mother 어머니
[mʌ́ðə(r)] 마더

father 아버지
[fάːðə(r)] 파-더

mom 엄마
[mɑm] 맘

dad 아빠
[dæd] 대드

son 아들
[sʌn] 썬

daughter 딸
[dɔ́ːtə(r)] 도ー터, 도ー러(미)

brother 형제
[brʌ́ðə(r)] 브라더

sister 자매
[sístə(r)] 시스터

uncle 삼촌
[ʌ́ŋkl] 엉클

aunt 숙모, 이모, 고모, 아주머니
[ænt] 앤트

cousin 사촌
[kʌ́zn] 커즌

grandmother 할머니
[grǽnmʌ̀ðə(r)] 그랜마더

grandfather 할아버지
[grǽnfɑ̀:ðə(r)] 그랜파―더

grandson 손자
[grǽnsʌn] 그랜썬

granddaughter 손녀
[grǽndɔ̀:tə(r)] 그랜도―터, 그랜도―러(미)

children 자식들
[tʃíldrən] 칠드런(child[촤일드](아이, 자식)의 복수)

집

home 가정
[houm] 호움

house 집
[haus] 하우스

garden 정원
[gáː(r)dn] 가ー든

roof 지붕
[ruːf] 루ー프

room 방
[ruːm] 루ー움

ceiling 천장
[síːliŋ] 씰ー링

light 조명, 빛
[lait] 라이트

door 문
[dɔː(r)] 도-어

wall 벽
[wɔːl] 워-얼

window 창문
[wíndou] 윈도우

floor 바닥
[flɔː(r)] 플로-어

stairs 계단
[stɛə(r)z] 스테어즈

table 탁자
[téibl] 테이블

heater 히터, 난방기
[híːtə(r)] 히ㅡ터

sofa 안락의자
[sóufə] 소우퍼

telephone 전화
[téləfòun] 텔러포운

clock (벽에 걸거나 실내에 두는) 시계
[klɑːk] 클라크, 클락

radio 라디오
[réidiòu] 레이디오우

television 텔레비전
[téləviʒən] 텔러비전

computer 컴퓨터
[kɔmpjúːtə(r)] 컴퓨-터

gas stove 가스레인지
[gǽs stouv] 개스 스토우브

microwave 전자레인지
[máikrouweiv] 마이크로웨이브

fan 선풍기, 환풍기
[fæn] 팬

air conditioner 에어컨
[ɛ́ər kəndíʃənər] 에어컨디셔너

부엌

kitchen 부엌, 주방
[kítʃin] 키친

refrigerator 냉장고
[rifrídʒərèitər] 리프리저레이터

knife 칼
[naif] 나이프

spoon 숟가락
[spuːn] 스푸-운

fork 포크
[fɔː(r)k] 포-(올)크

chopsticks 젓가락
[tʃɑ́ːpstiks] 찹스틱스

bowl (우묵한) 그릇, 통
[boul] 보울

bottle 병
[bάːtl, bɔ́ːtl] 바-틀, 보-틀

pan (손잡이가 달린 얕은) 냄비, 팬
[pæn] 팬

plate 접시
[pleit] 플레이트

cup 컵
[kʌp] 컵

glass (유리) 잔
[glæs, glɑːs] 글래스

욕실

bathroom 화장실, 목욕탕
[bǽθrùːm] 배쓰루-움

soap 비누
[soup] 소우프

toothbrush 칫솔
[túːθbrʌ̀ʃ] 투-쓰브러쉬

mirror 거울
[mírə(r)] 미러

towel 수건
[táuəl] 타월

shampoo 샴푸
[ʃæmpúː] 샘푸-

침실

bedroom 침실, 방
[bédrùːm] 베드루-움

bed 침대
[bed] 베드

curtain 커튼
[kɔ́ː(r)tn] 커-튼

blanket 담요
[blǽŋkit] 블랭킅, 블랭킷

pillow 베개
[pílou] 필로우

pajamas 파자마, 잠옷
[pədʒáːmɔz] 퍼자-머즈

직업 · 관계

name 이름
[neim] 네임

age 나이
[eidʒ] 에이쥐

musician 음악가
[mjuzíʃən] 뮤지션

dancer 무용수
[dǽnsɔ(r)] 댄서

singer 가수
[síŋɔ(r)] 씽어

pianist 피아니스트
[piǽnist] 피애니스트

violinist 바이올린 연주자
[vàiəlínist] 바이얼리니스트

swimmer 수영 선수
[swímə(r)] 스위머

writer 작가, 저술가
[ráitə(r)] 롸이터

doctor 의사
[dá:ktə(r)] 닥터

nurse 간호사
[nə́:rs] 널-스, 너-( )스

pilot 조종사
[páilət] 파일럿, 파일러트

driver 운전자, 기사
[dráivə(r)] 드라이버

cook 요리사
[kuk] 쿡

dentist 치과 의사
[déntist] 덴티스트

people 사람들
[píːpl] 피-플

person (개개의) 사람, 개인
[pɔ́ːrsn] 퍼-(얼)슨

adult 성인, 어른
[ədʌ́lt] 어덜트

kid 아이
[kid] 키드

man (성인) 남자
[mæn] 맨

woman (성인) 여자
[wúmən] 우먼

baby 아기
[béibi] 베이비

boy 소년, 사내 아이
[bɔi] 보이

girl 소녀, 여자 아이
[gɔːrl] 거-얼

friend 친구
[frend] 프렌드

member 구성원
[mémbə(r)] 멤버

neighbor 이웃(사람)
[néibər] 네이버

host (손님을 초대한) 주인
[houst] 호우스트

guest 손님
[gest] 게스트

gentleman 신사, 양반
[dʒéntlmən] 젠틀먼, 젠틀맨

lady 숙녀, 여자분
[léidi] 레이디

husband 남편
[hʌ́zbənd] 허즈번드

wife 아내
[waif] 와이프

king 왕
[kiŋ] 킹

prince 왕자
[prins] 프린스

princess 공주
[prínses] 프린세스

자연

sky 하늘
[skai] 스카이

air 공기
[εɔ(r)] 에어

sun 해, 태양
[sʌn] 썬

moon 달
[muːn] 무-운

star 별
[stɑː(r)] 스타-

cloud 구름
[klaud] 클라우드

mountain (아주 높은) 산
[máuntn] 마운튼

valley 계곡, 골짜기
[vǽli] 밸리

rainbow 무지개
[réinbòu] 레인보우

snow 눈
[snou] 스노우

wind 바람
[wind] 윈드

fire 불
[faiɔ(r)] 파이어

lake 호수
[leik] 레이크

sea 바다
[si:] 씨─

forest 숲
[fɔ́:rist] 포리스트

stone 돌
[stoun] 스토운

sand 모래
[sænd] 샌드

river 강
[rívə(r)] 리버

식물

tree 나무
[tri:] 트리-, 츄리

grass 풀, 잔디
[græs] 그래스

leaf 잎
[li:f] 리-프

flower 꽃
[fláuə(r)] 플라워

tulip 튤립
[tjú:lip] 튜-울립

rose 장미
[rouz] 로우즈

집 밖에 있는 것들

shop 가게, 상점
[ʃɑːp] [ʃɔp] 샤-압(미), 숍(영)

supermarket 슈퍼마켓
[súːpərmaː(r)kit] 슈-퍼마킷

bakery 빵집, 제과점
[béikəri] 베이커리

restaurant 식당, 레스토랑
[réstərənt] 레스터런트

bookstore 책방, 서점
[búkstɔ̀ː(r)] 북스토어-

library 도서관
[láibrəri] 라이브러리, 라이브래리

street 거리
[stri:t] 스트리-트

bank 은행
[bæŋk] 뱅크

hospital 병원
[há:spitl] 하스피틀

post office 우체국
[póust ɔ́:fis] 포우스트 오-피스

park 공원
[pá:(r)k] 파-크

zoo 동물원
[zu:] 주-

museum 박물관, 미술관
[mjuːzíːəm] 뮤지-엄

hotel 호텔
[houtél] 호우텔

department store 백화점
[dipáːrtment stɔːr] 디파트먼트 스토어

tower 탑
[táuə(r)] 타우어

road 도로, 길
[roud] 로우드

bridge 다리
[bridʒ] 브맅쥐, 브릿쥐

달·계절·시간

year (1년 열두 달로 이뤄진) 해[년]
[jiə(r)] 이어

January	February	March	April
May	June	July	August
September	October	November	December

month 달, 월
[mʌnθ] 먼쓰

season 계절
[síːzn] 씨-즌

spring 봄
[spriŋ] 스프링

summer 여름
[sʌ́mə(r)] 써머

autumn 가을
[ɔ́ːtəm] 오-텀, 오럼(미국)

winter 겨울

[wíntə(r)] 윈터

calendar 달력

[kǽlində(r)] 캘린더

January 1월

[dʒǽnjuəri] 재뉴어리

February 2월

[fébruəri] 페브루어리, 페브러리

March 3월

[má:(r)tʃ] 마-취

April 4월

[éiprəl] 에이프럴

May 5월
[mei] 메이

June 6월
[dʒuːn] 주-운

July 7월
[dʒulái] 줄라이

August 8월
[ɔ́ːgəst] 오-거스트

September 9월
[septémbə(r)] 셉템버

October 10월
[ɑːktóubə(r)] 악토우버, 옥토우버

November 11월
[nouvémbə(r)] 노우-벰버

December 12월
[disémbə(r)] 디셈버

morning 아침, 오전
[mɔ́:(r)niŋ] 모닝

noon 정오, 한낮
[nu:n] 누-운

afternoon 오후
[æ̀ftənú:n] 애프터누-운

evening 저녁
[í:vniŋ] 이-브닝

night 밤
[nait] 나이트

time 시간(세는 단위, 1시간, 2시간)
[taim] 타임

week 주(週), 일주일
[wi:k] 위-크

day 하루
[dei] 데이

hour 시간
[áuɔ(r)] 아워

minute 분
[mínit] 미닡, 미닛

몸에 지니는 것

hat (챙이 있는) 모자
[hæt] 헽, 햇

cap (앞부분만 챙이 달린) 모자
[kæp] 캪, 캡

glasses 안경
[glǽsiz] 글래시즈

coat 외투, 코트
[kout] 코우트

suit 정장
[suːt] 수ー트

jacket 자켓, (셔츠 위에 입는) 상의
[dʒǽkit] 재킷

sweater 스웨터
[swétə(r)] 스웨터, 스웨러(미)

pocket 호주머니
[pá:kit] 파킷, 포킷

gloves 장갑
[glʌvz] 글러브즈

watch 손목시계
[wɑːtʃ, wɔːtʃ] 워취

ring 반지
[riŋ] 링

uniform 제복
[júːnifɔ̀ː(r)m] 유ー니포ー옴

pants 바지
[pænts] 팬츠

shirt 셔츠
[ʃɔː(r)t] 셔-츠

skirt 치마
[skɔː(r)t] 스커-트

dress 드레스, 원피스
[dres] 드레스

shoes 신발, 구두
[ʃuːz] 슈-즈

socks 양말
[sɑks] 삭스

umbrella 우산, 양산
[ʌmbrélə] 엄브렐러

bag 가방
[bæg] 백

toy 장난감
[tɔi] 토이

card 카드
[kɑːrd] 카ー드

doll 인형
[dɔːl] 도ー올, 다ー알

box 상자
[bɑks] 박스

여행·세계·나라 이름

travel 여행하다
[trǽvl] 트래블

map 지도
[mæp] 맾, 맵

ticket 표, 티켓
[tíkit] 티킽, 티킷

money 돈
[mʎni] 머니

coin 동전
[kɔin] 코인

wallet 지갑
[wɔ́lit] 월맅

camera 카메라
[kǽmərə] 캐머러

picture 그림, 사진
[píktʃə(r)] 픽처

album 앨범, 사진첩
[ǽlbəm] 앨범

passport 여권
[pǽspɔː(r)t] 패스포―트

airport 공항
[ɛ́ə(r)pɔ̀ː(r)t] 에어포―트

earth 지구, 땅
[ɔː(r)θ] 어―(얼)쓰

country 국가, 나라
[kʌ́ntri] 컨트리

island 섬
[áilənd] 아일런드

beach 해변, 바닷가
[bíːtʃ] 비-취

city 도시
[síti] 씨티

town (소)도시, 읍
[taun] 타운

village 마을
[vílidʒ] 빌리쥐

world 세계
[wɔː(r)ld] 워-얼드

England 영국
[íngland] 잉글런드

France 프랑스
[fræns] 프랜스

Germany 독일
[dʒɔ́ːrməni] 저-머니

Italy 이탈리아
[ítəli] 이털리

Spain 스페인, 에스파냐
[spein] 스페인

USA 미국
[júːeséi] 유-에스에이

China 중국
[tʃáinə] 차이너

India 인도
[índiə] 인디어

Australia 호주
[ɔːstréiljə] 오스트레일리어

Japan 일본
[dʒəpǽn] 저팬

Canada 캐나다
[kǽnədə] 캐너더

기본 단어(명사) 색인

김성숙(金聖淑)
연세대학교 영문학과 졸업. 「율리시스학회」 창학 50년 강의
1955년 최재서 지도받아 제임스 조이스 「율리시스」 연구번역에 평생 바치기로 결심
1960년 「율리시스학회」를 창학, 오늘도 연구강의를 하고 있다.
2011년 55년 열정을 바쳐 옮긴 제임스 조이스 《율리시스》 한국어판 간행
옮긴책 존 듀이 《민주주의와 교육》《철학의 개조》
데이비드 흄 《인간이란 무엇인가(오성·정념·도덕)》
아우렐리우스 《명상록》
키케로 《인생론》

솔솔! 술술! 척척!
세상에서 참 배우기 쉬운
마법 영어 첫걸음
김성숙 지음

1판 1쇄 발행/2019. 5. 5

발행인 고정일
발행처 동서문화사
창업 1956. 12. 12. 등록 16-3799
서울 중구 다산로 12길 6(신당동 4층)
☎ 546-0331~6 Fax. 545-0331
www.dongsuhbook.com

＊

사업자등록번호 211-87-75330
ISBN 978-89-497-1724-1 03740